目からうろこ！

知っているようで知らない日本語

東京学芸大学名誉教授　宮腰　賢

評論社

はじめに

情報化の時代を迎えて、日本語はめまぐるしい速さで変化しています。若い世代と熟年の世代とでは、用いることばが驚くほど異なっています。

身につけていることばの用い方とは異なる事態に出会って「おや?」とお感じになることも多いのではないでしょうか。

この小さな本では、日常出会う日本語の疑問を解くことから始めて、用法の誤りがちな日本語、用法の紛れがちな日本語について考えるきっかけをお示ししようとしました。

読みやすい本にするため、五つの章に分け、項目ごとに、見開き二ページに「問い」と「答え」を収めるようにしました。一目見てわかるようにイラストを工夫した項目もあります。文字を追うだけでなく、イラストを楽しんでいただけるとありがたく存じます。

巻頭には、項目内容のわかる詳しい目次を置き、巻末には、付録として「二十四節気七十二候」と「現代に生きる季語」を収め、主要語句索引をつけました。

宮腰　賢

目次

第2章　どっちが正しい？　日本語の使いかた

第3章　誤用される日本語

第4章　どう違う？　似た語の使い分け

第5章　紛らわしい日本語

間違いやすい熟語の使い分け

第1章

日常出会う日本語の疑問

緑色なのに、なぜ「青菜」？

問い

ほうれん草や小松菜などの菜っ葉は「青菜」と言われますが、実際は緑色なのになぜ「青」なのですか。

答え

たしかに、「青」がブルーであるとすると、ほうれん草や小松菜は「青」でなく、「緑色」ですね。紀貫之《きのつらゆき》の『土佐日記』に「松の色は青く」とあるように、古い日本語では「緑色」も「青」でした。緑一面の田も「青田」です。

解説

古い日本語では、色については、「赤」と「青」しかありませんでした。「白」と「黒」という語もありましたが、これは明るさを言う語でした。

虹の七色で言うと、赤・橙色・黄色、それに紫色が「赤」、緑色・青・藍色が「青」ということであったようです。「青」は、ブルーだけでなく、グリーンやインジゴブルーを含むものだったのです。虹の七色の「赤・橙・黄・緑・青・藍・紫」が伝わったとき、「赤」と「青」以外の色については、新たな語を創る必要がありました。柑橘《かんきつ》類の「橙《だいだい》」の色、中国の「五《ご》

行《ぎょう》（木、火、土、金、水）」に対応する「五《ご》色《しき》（青、赤、黄、白、黒）」から伝わった「黄」の色、草木の新芽の「緑」の色、染め物に使う草の「あゐ」の色、同じく染め物に使う草の「紫」の色です。

なお、英語では虹の七色は、red, orange, yellow, green, blue, indigo blue, purple です。「藍」にあたる一つの語はなく、「インドの青」ということでindigo blue と言います。「紫」がpurpleですが、「紫外線」はultraviolet raysです。すみれ色のvioletを用い、紫外線よけの商品はＵＶです。

「青菜」の「青」に似た用法の語に、「青蛙・青かび・青木・青草・青田・青海苔《のり》・青葉・青物・青松・青柳」などがあります。

「青二才」って何?

問い

時代小説を読んでいたら、「青二才の分際で口幅ったいことを言う」とありました。「若いくせに、大きなことを言う」ということのようですが、「青二才」って、何ですか。

答え

「青」は、「青くさい」とか「青侍」とかの「青」で「未熟な」ということ、「二才」には「若者」という説があります。

解説

現在でも、果実の未熟なものを「まだ、青い。」と言い、未熟なぶどうを「青ぶどう」、未熟な瓢簞《ひょうたん》を「青瓢簞」と言います。
幕末になるまでは、男性が一人前になると、前髪を剃《そ》り上げました。これを月代《さかやき》といい、この剃り跡が青く見えるのは、未熟である証拠でした。
よくわかっていないのは、「二才」です。漁師仲間では、鰹《かつお》や鮭《さけ》や鮪《まぐろ》のような大形魚の孵《ふ》化《か》後二年の稚魚を「二才」と言い慣わすのだそうです。この「二才」を人にあてはめて、「若

者」の意に用いたとする説があります。すでに、江戸時代には「青二才」が用いられています。この説の弱点は、一人前だが未熟な者に言うのですから、「二才」では幼すぎることです。

国語学者の金田一京助は、「新背《にいせ》」が転じて「にさい」となり、「二才」または「二歳」の文字があてられたと説きました。「背」は「妹《いも》」に対する男性、「新」は「初々しい。若々しい」の意。こちらの説は、大人の男と女についての「背」と「妹」ですから、幼すぎることにはなりません。

「青二才」の「青」に似た用法の語に、「青臭い・青侍・青田・青道心・青女房・青瓢《あおびょう》箪《たん》」などがあります。

「うだつがあがらない」の「うだつ」って？

問い

帰郷したとき、久しぶりに幼なじみに会いました。「元気そうで何より。」と言うと、「ばりばりやっているって聞いているよ。こっちはうだつがあがらないままだけど。」とお世辞を言われました。「うだつがあがらない」というのは、「以前とかわらない」ということのようですが、「うだつ」って、なんですか。

答え

「うだつ」をどう取るかで、慣用句の「うだつがあがらない」は、《現状から抜け出せない。以前とかわらない》の意にも、《地位があがらない。裕福にならない》の意にも説かれます。

解説

二つの説があります。

1 「うだつ」は「梲」。梁《はり》の上に立てて、棟木《むなぎ》を受ける、短い柱のこと。棟木が上にあるので、上から抑え付けられている状態であることから、「うだつがあがらない」は《現状から抜け出せない。よい境遇になれない》意。

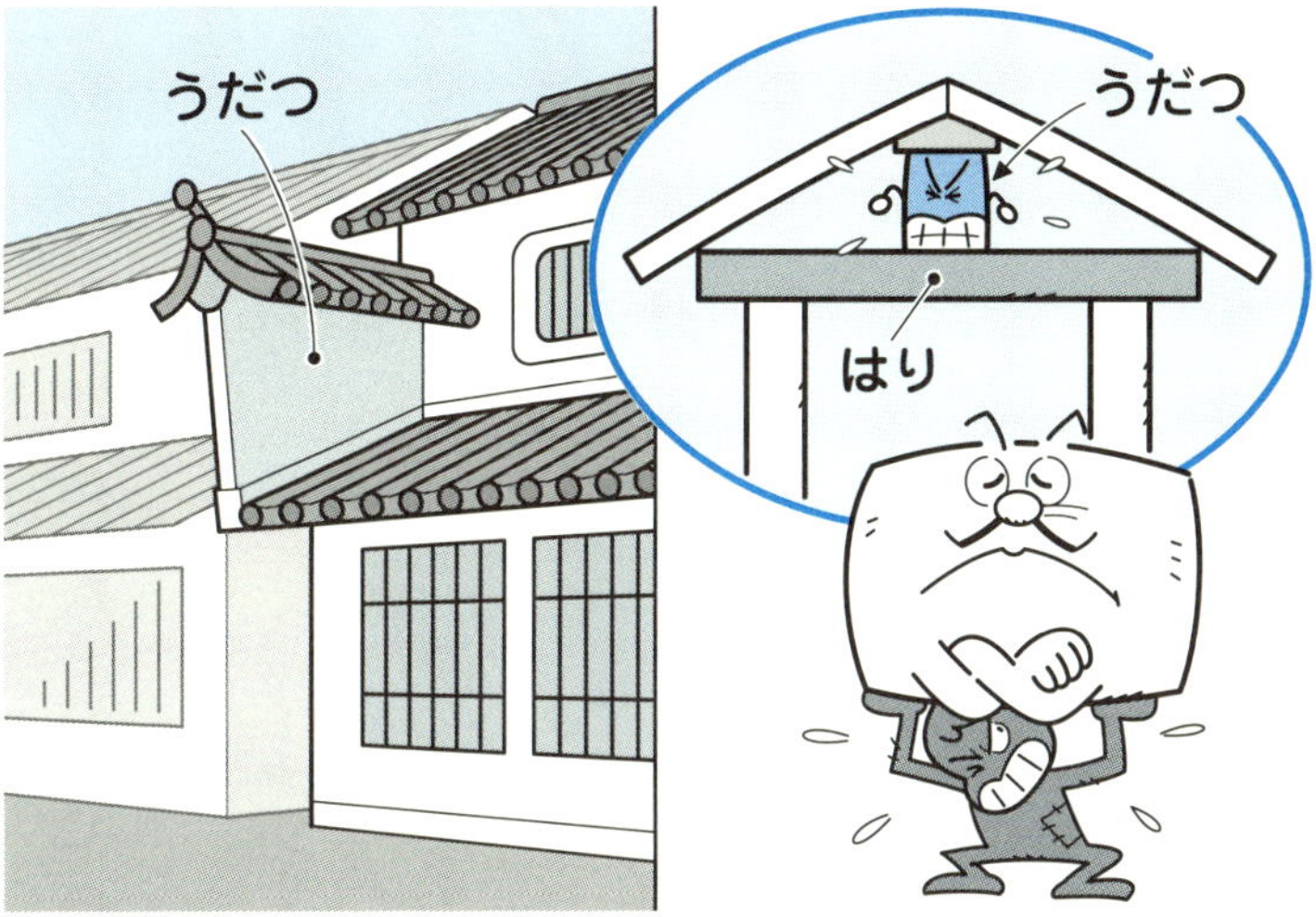

2「うだつ」は「卯建つ」。江戸時代の民家で、建物の両側に屋根より高く、「卯」の字の形に張り出した小屋根つきの袖壁のこと。装飾と防火を兼ねます。長屋建てで隣との境に設けることもありました。かなりの費用のかかるものであったことから、「うだつがあがる」は《地位があがる。裕福になる》意。

袖壁の形状を「卯」の字に見立てて「卯建つ」と言うというのは、奇抜な説のように思われますが、直角に交差する道を「十字路」と見、行き止まりで左右に折れる道を、甲乙丙丁の丁に見て「丁字路」と称するのと同じような見立てです。最近では「丁字路」の丁をアルファベットのTに見て、「T字路」とも言うようです。

「おけらになる」の「おけら」って？

問い

駅の近くのゲームセンターの前で、ばったり会った幼いころからの友人が「今日はついてない。おけらになっちゃった。」と言いました。「おけらになる」が、「無一文になる」という意味であることは知っていますが、「おけら」って、なんですか。

答え

博徒《ばくと》などの隠語であったらしく、なぜ「無一文」のことを「おけら」というのか、定説はないようです。

解説

次のような説があります。昆虫の「おけら」説二つと植物の「おけら」説です。

1 「おけら」の「けら」を、夜行性の昆虫のケラであると見る説。

昆虫の「ケラ」は、土中にあって、秋の夜や雨の日などにジージーと鳴きます。この鳴き声はミミズの鳴き声だと思われてきました。小林一茶には、「里の子や蚯蚓《みみず》の唄に笛を吹く」の句があるように、俳句では「蚯蚓鳴く」が秋の季語になっています。

【丸裸説】灯火に集まる「ケラ」は、蟋蟀《こおろぎ》や甲虫《かぶとむし》などとは違って赤褐色の裸に見える。身ぐるみをはぎ取られて、丸裸になるということから。

【お手上げ説】「ケラ」をつかまえると、大きな前足を挙げてもがく。万歳をして、「お手上げだ。降参、降参。」と言っているように見えることから。

2「おけら」を植物の「おけら（朮）」と見る説。

【皮はぎ説】植物の「おけら」の根の皮をはいで乾燥したものを「蒼朮《そうじゅつ》」と呼び、健胃・利尿・解熱・鎮痛の薬にする。年の始めに飲む屠蘇《とそ》にも蒼朮が含まれる。皮をはぐように、身ぐるみをはぎ取られるということから。

「けりをつける」の「けり」って？

問い

町会の話し合いがもめて二時間にも及んでみんなが疲れてきたとき、町会長が「このあたりで、けりをつけましょうか。」と言いました。「けり」って、なんですか。

答え

文語の助動詞の「けり」による、ものごとの結末のことです。「けりがつく」で「決着する」、「けりをつける」で「決着させる」。町会長さんは、「話し合いに決着をつけましょうか」、「結論を出しましょうか」とおっしゃったのです。

解説

五七五七七の短歌が「けり」で終わることが多かったことから、「けりがつく」で「終わりになる」という意味になりました。

『小倉百人一首』には、「けり」で終わる歌が八首あります。

山川に風のかけたるしがらみは流れもあへぬ紅葉《もみぢ》なりけり　〈春道列樹《つらき》〉

逢《あ》ひ見てののちの心にくらぶれば昔は物を思はざりけり　〈藤原敦忠《あつただ》〉

八《や》重《へ》葎《むぐら》しげれる宿のさびしきに人こそ見え
ね秋は来にけり　〈恵《え》慶《ぎょう》法師〉

嵐吹く三室の山のもみぢ葉は龍田の川の錦
なりけり　〈能因法師〉

思ひわびさても命はあるものを憂きにたへ
ぬは涙なりけり　〈道因法師〉

夜もすがら物思ふころは明けやらで閨《ねや》のひ
まさへつれなかりけり　〈俊恵法師〉

花さそふ嵐の庭の雪ならでふりゆくものは
わが身なりけり　〈藤原公経《きんつね》〉

ももしきや古き軒端のしのぶにもなほあま
りある昔なりけり　〈順徳院〉

右の八首のほか、「けり」が三句めにくる三句切れの歌も二首あります。

「けんもほろろ」って？

問い

「驚いたよ。引っ越してきたお隣さんに『落ち着かれましたか。』と言ったら、『関係ないでしょ。』って、けんもほろろのご挨拶。」と世話好きの祖母が言いました。「けんもほろろ」って、どういうことですか。

答え

人の頼みや相談ごとを無愛想に冷たくはねつけて、全然受け付けようとしないようす、とりつくしまのないようすが「けんもほろろ」です。無愛想にするようすを「つんとする」「つんけんする」「けんけんする」などと言います。「つん」も「けん」も擬態語です。この擬態語の「けん」を雉《きじ》の鋭い鳴き声の「けん」に置き換え、同じ雉の穏やかな鳴き声の「ほろろ」を添えたものと見られます。

小林一茶には、「山雉のけんもほろゝもなかりけり」の句があります。一茶は「昼比《ひるごろ》やほろ〳〵雉の里歩き」と、雉の鳴き声を「ほろほろ」と写し、また、「雉なくやてん〳〵天下太平と」と「てんてん」とも写しています。

解説

とげとげしく無愛想なようすをいう「つっけんどん」は、「突っ慳貪」と書かれます。けちで欲張りなこと、情け心のない非情なことをいう漢語の「慳貪」に、「突っ掛かる・突っ切る・突っ込む・突っ走る・突っぱねる・突っ張る・突っ伏す」などの「突っ」のついた語です。

この「突っ慳貪」の「けん」を雉の鳴き声の「けん」に置き換えたのが「けんもほろろ」の「けん」であるとする説もあります。

「サバをよむ」の「サバ」って？

問い

「月例会員数が三十二名。イベントだからって、五十名集まるというのは、多すぎませんか。」と言うと、「ええ。サバをよんでいるんです。」との答え。つごうのいいように数をごまかすのが「サバをよむ」でしょうが、この「サバ」というのは、なんですか。

答え

「自分のつごうのいいように数をごまかす」の意の「サバをよむ」の「サバ」は、魚の「鯖」であるとするのがふつうです。青魚の鯖は、腐りやすいので、手早く扱う必要があります。数を数えるときも、「鯖読み」といって、二尾ずつ数えます。そのため数え違いをすることも多くあり、得をしようとすると、数をごまかすことも生ずるというのです。

解説

「サバをよむ」のもとになったと考えられる「鯖読み」のおこりについて、他に次のような説があります。

1 魚市をイサバといい、魚市で早口で小魚を数えることをイサバヨミという。このイサバヨミのイが省略されてサバヨミになった。早口で数えるので数え違いが起きた。

2 大網で大量のサバを捕獲したとき、網元が使用人の漁師をだまそうとして大雑把にサバを数えた。

「下駄をはかせる」も似たことばですが、「サバをよむ」と違い、主に数を多くごまかす場合にだけ使われます。

夏目漱石が大正四年（一九一五年）に朝日新聞に連載した「道草」には、「さばを読むといふ隠語」とあります。隠語ですから、一般には用いられなかった表現だったのです。

「新人の指南役」の「指南」って？

問い

課長に呼ばれ、「本年の新入社員の指南役を頼む。」と言われました。新人の指導をしろということのようですが、どうして「指南」なのですか。

答え

古代中国で作られた「指南車」が常に南の方角を指し示して導くことから、「指南」は「正しく方向づけをして教え導くこと」を言います。テクニックを教えるだけでなく、「正しく方向づけをして」の部分が大切です。

解説

伝説によると、漢民族の始祖とされる黄帝《こうてい》が蚩尤《しゆう》と涿鹿《たくろく》の野で戦ったとき、濃霧が出て視界がなくなり、方角がわからなくなったので、仙人の木像がつねに南の方角を指し示す車（＝指南車）を作って、兵士に方向を教えたと言われています。

また、周代の初めに、越裳《えっしょう》氏の使者が貢物を持ってやってきて、その帰りに道に迷ったので、周公が指南車を与えて帰らせたとも言い伝えます。

現在であれば、針先が北をさす磁石で方角がわかります。黄帝または周公も磁石を使った

のでしょうが、歯車を活用しての機械じかけのからくりで、車がどの向きになろうと、車上の仙人の木像が南を指し示すようにしたのでした。
　人を教え導くにしても、ふりかかる課題を解決する方法をその場その場で教えるだけでなく、大所高所から見ての「方向づけ」を怠らぬようにするのが、指導者やリーダー、コーチとは違う「指南役」の役目なのでしょう。古くは武道に指南役がいました。いささか古めかしい感じのある指南役を命じられたということは、上司の信頼感を示すものでしょうから、期待を裏切らぬようにしたいものです。

「しのぎを削る」の「しのぎ」って？

問い

地元のタウン紙に、「デパートと商店街が年末商戦でしのぎを削っています。」という記事がありました。「しのぎを削る」というのは、「激しく争う」ということのようですが、削る「しのぎ」というのは、なんですか。

答え

刀と刀で戦うときに、刃と刃がぶつかり合います。両者の力量が等しいときには、触れ合った刃を離さずに互いに押し合います。刃が離れ、切り結ぶと、刃で受け止められず、刀身の背から刃へ移る境の線または面の削られることがあります。この《刀身の背から刃へ移る境の線または面》を「しのぎ」といいます。漢字では「鎬」と書きます。軍記物語の『曽我物語』には、「互ひに**鎬を削り**合ひ、時をうつして戦ひけるに、新田四郎は新手《あらて》なり、十郎は宵の疲れ武者、多くの敵に打ち合ひて、腕下がり、力も弱る。」とあります。

解説

しのぎを削る両者の力量が拮抗して、一歩も引かない場合は、刃と刃が触れ合ったまま、じりじりと間隔がつまり、触れ合う刃の位置は手元に近づきます。そして、互いの鍔《つば》がぶつかり合うほどになる状態を「鍔迫《つばぜ》り合い」と言います。「鍔迫り合い」は、力にほとんど差がなく、どちらが勝つかわからないぎりぎりの状態で勝負を争う意味で用いられます。

「しのぎを削る」の「しのぎ」は、「雨露をしのぐ」「糊口《ここう》をしのぐ」などと、困難や障害をのりこえる意で用いられる「凌《しの》ぎ」とは違うことばです。

「新人」を「新米」というのはなぜ？

問い

「まだ新米なので、会社のようすがわかりません。」などと、「新入社員」や「新人」のことを「新米」というのは、どうしてですか。

答え

古米に対する新米で、今年とれた米であれば、おいしいと喜ばれるのがふつうですから、もの慣れない新人を「新米」というのは、おかしいというのですね。そのとおりです。「新米」の「米」は、米ではなく、もともとは「前」で、商家ことばの「新前」が誤って用いられたものです。

解説

江戸時代、商家に丁稚《でっち》奉公に出ると、主人から新しい前垂れ（＝前掛け）が支給されました。新しい前垂れをしている者が新人だったのです。商家では、「新しい前垂れをしている者」が「新前」と呼ばれました。

地域によって、エとイの発音の区別がはっきりしないところがあります。その地域の出身者が商家ことばの「しんまえ」を耳慣れた「しんまい」と聞き誤って、「新米」とあててし

まったのでしょう。この誤用が一般化して、新入社員などの新人を「新米」と称するようになりました。

　また、似た語の「新参」も、新たに奉公にきた者、新しく仲間に加わった者、新入りの意味で用いられます。

　商家ことばを知っていた夏目漱石は生涯「新前」と書きました。明治四十一年（一九〇八年）に朝日新聞に連載された「坑夫」には「手前は新前だな」と書いたところがあります。小説の神様と称される志賀直哉は大正六年（一九一七年）に執筆し発表した「赤西蠣太《かきた》の恋」に「新米の家来」と書いています。（なお、「赤西蠣太の恋」は、のちに「赤西蠣太」に改められました。）

「すかばっかり！」の「すか」って？

問い

歳末大売出しの福引で十本もの籤《くじ》を引いてきた末の子がはずれのポケットティッシュを差し出しながら、「すかばっかり！」と吐き出すように言いました。はずれが「すか」のようですが、「すか」って、なんですか。

答え

ありふれた隠語で、「かす」を逆さにしたものです。よいところをとった残りが「かす」ですね。お子さんは、特賞や一等賞ではないにしても、二等賞か三等賞が出るのではないかと、期待していたのでしょう。全部はずれだったので、残りかすの「すか」だと言ったのでしょう。

解説

お酒のもろみを漉《こ》した残りが「酒かす」です。漢字では「粕」と書きます。醤《しょう》油《ゆ》などの液体の底にたまる「かす」もあります。「おり」とも言います。漢字では「滓」と書きます。酒かすや醤油の溜《た》まりなどは、要らないものではありませんが、飲料の底に残るものの多くは、要らない「かす」です。この「残りかす・不要物」をいう「か

す」を人に向かっても用いる向きがありました。あからさまには言いにくいので、逆さにして「すか」にしました。地名の上野をノガミ、これをレコ、種をネタ、うまいをマイウーと言うのと同じように、逆さにする作り方の隠語です。

なお、関西方言では、あてのはずれることを「すかを食う」と言います。「肩透かしを食わされる」の「すか」でしょうか。隠語の「すか」とは、別の語のようです。

また、「すかたん」という語も、あてのはずれることや、まのぬけたことをする人のことをののしって言う語として用いられますが、語源ははっきりしません。

「すっぱ抜く」の「すっぱ」って？

問い

朝早く、友人から電話がありました。「朝刊、見た？　四段抜きの大見出しで、すごいすっぱ抜き！」と、興奮気味です。「すっぱ抜き」の「すっぱ」って、なんですか。

答え

異説もありますが、《人の秘密をあばいて言いふらす》意の「すっぱ抜く」の「すっぱ（素っ破）」は、中世、戦国時代の間諜《かんちょう》、スパイのことであろうとのことです。野武士や盗賊などがとりたてられたもので、間者、忍びの者とも呼ばれました。この「素っ破」の行動が人の意表をつき、思いもよらないところから秘密の情報を手に入れてくることから、《秘密をあばいて言いふらす》ことを「すっぱ抜く」と言うようになったというのです。

解説

古く、歌舞伎などで用いられた「すっぱ抜く」は、刀をすっぱりと抜く、不意に刃物を抜き放つということでした。これが転じて《人の秘密をあばいて言い

ふらす》意に用いるようになったと考える説もあります。

国語辞典などには、「刀などをすっぱりと抜く」「不意に人の秘密をあばき出す」「だしぬく」などと解説されています。原義から転義へという配列だとすると、「刀などをすっぱりと抜く」というのが原義であると見るのが妥当なのかもしれません。「すっぱり」だから、「不意に」という感じになり、他を「だしぬく」ということになるのでしょう。

「すっぱ」を「素っ破」と見るか、「すっぱり」という形にも写される擬態語の「すっぱ」と見るかで語源説が分かれています。現代の感覚と過去の感覚も異なります。今日であれば「すぱっと抜く」のほうがぴったりしますか。

「そっぽを向く」の「そっぽ」って？

問い

政党の重要案件の議論で、「今方針転換すると、必ず支持者にそっぽを向かれて、どうにもならなくなる。」との意見が大半を占めました。「そっぽを向く」の「そっぽ」というのは、どこを指すのですか。

答え

目をそらせて、よそのほうを見るのが「そっぽを向く」です。「そっぽ」というのは、見るべきであるほうではない、よそのほうです。どこと場所を限定することはできません。

「飲みに誘っても、そっぽを向くからな。」「道で出会ったら、そっぽを向かれてさ。」などと、「そっぽを向く」で、「同調しない」「関わらないという態度をとる」「無視する」「知らん振りをする」という意味で用いることもあります。若者ことばの「シカトする」にあたるようです。最近では、「スルーする」とも言うようです。

解説

「そっち」という指示語があるので、「そっぽ」も指示語のように感じますが、そうではないようです。二葉亭四迷の「浮雲」（一八八七－八九年）に「率方《そつぽう》」とあり、「金色夜叉《こんじきやしゃ》」で知られる尾崎紅葉の「多情多恨」（一八九六年）に「外方《そッぽう》」とあることから、「そっぽ」が「そっぽう」の「う」が省略されてできた語であることは確かですが、語源はわかっていません。どんな漢字をあてるとよいのかもわかりません。国語辞典の多くは「外方」をあてていますが、「他方・側方」をあてた用例もあります。

「てぐすねひく」の「てぐすね」って？

問い

ゴルフ友だちからのコンペのお誘いがあり、「てぐすねひいて待っている。」との伝言がありました。「てぐすね」って、なんですか。

答え

「てぐすね（手薬煉）」というのは、「手」と「くすね（薬煉）」とでできている複合名詞です。「てぐすね（を）ひく」で、「万全の準備をして機会を待つ」ことを表します。「くすね」は、松脂《まつやに》と油を混ぜ合わせ、煮詰めてねったものです。「薬煉」または「天鼠子」と書かれました。「くすね」を塗りこんで強くした糸が「くすね糸」です。

解説

武士は、合戦を前に、弓の弦に念入りに手でくすねを塗りこみました。こうすることによって、弦が丈夫になるだけでなく、番《つが》える矢の安定性も増すのでした。また、戦場では、手がすべったりせず、力をこめてにぎることができるように、手にくすねを塗りました。これらの動作が「てぐすねひく」です。

合戦を前に、くすねで武器の手入れをし、くすねを手に塗って待ち構えることから、広く、「万全の準備をして機会を待つ」ことに「てぐすねひく」が用いられるようになりました。ただ「待つ」のでなく、「機会を待つ」というのがポイントです。

例　為朝《ためとも》、「(略) こゝを射よと鞭《むち》の先にて打ち叩《たた》いて、御前《ごぜん》の雑人《ざうにん》をのけられ候《さうら》へ。」とて、**手ぐすね引き**、そゞろ引いてぞ向かひたる。　〈保元物語・中・白河殿攻め落とす事〉

訳　為朝は、「(略) ここを射よと馬を追う鞭の先で打ちたたいて、院の御前に控えている下々の人々、侍などを他の場所に行かせなさいませ。」と言って、てぐすねを引き、なんとなく弓を引いて、下野守《しもつけのかみ》に真正面から対している。

「とどのつまり」の「とど」って？

問い

「経緯を手短に報告します。」と言って、話し始めて三分と経たないうちに、店長が「とどのつまり、どうなったの。」と話を遮りました。結論を聞きたいのだったら、「つまり」だけでよいと思うのですが、「とどのつまり」の「とど」って、何ですか。

答え

出世魚として有名なボラ（鯔）の成長しきって最も大きなものの呼び名が「とど」です。ボラの最終段階の呼び名を「つまり」のかざりのようにつけて「とどのつまり」と言い慣わしたものです。「出世魚のボラは、ハク、イナ、ボラと呼び名が変わり、最後にトドになる。そのトドではないけれど、つまりどうなの。」ということば遊びです。

解説

地域によって呼び名が変わるのですが、東京地方では、体長三～四センチメートルほどの稚魚をハク、一〇センチメートル前後のものをイナ、二〇～三〇セ

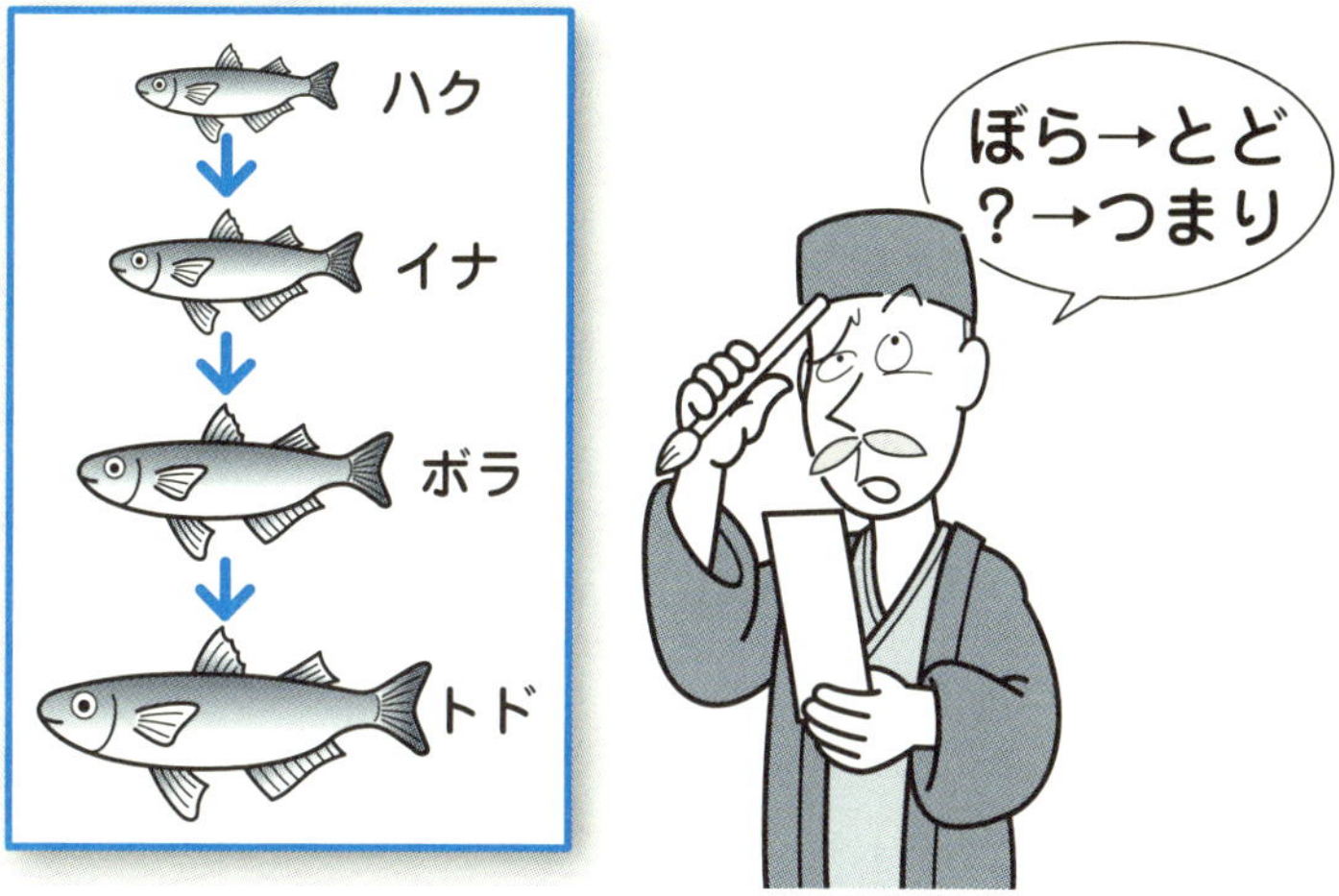

ンチメートルほどの成魚をボラ、三〇センチメートル以上のものをトドと呼びます。ボラの小ぶりのものをオボコ・スバシリと呼ぶこともあります。

　呼び名の変わる出世魚は、ボラに限りません。東京地方で、ワカシ→イナダ→ワラサ→ブリ、大阪地方で、ツバス→ハマチ→メジロ→ブリのブリ（鰤）、また、セイゴ→フッコ→スズキのスズキ（鱸）も出世魚です。

　理屈で言うと、「ぶりのつまり」や「すずきのつまり」でもよさそうですが、「とどは鯔《ぼら》つまりは何が成《なる》だらう」（『日本国語大辞典　第二版』より）などと江戸時代から川柳に詠まれています。「トドはボラのことだけど、ツマリは何がなるのだろう」とふざけたのです。「ぼら→とど、?→つまり」というわけです。

「にべもない」の「にべ」って何？

問い

電話での売り込みに、「いいえ。要りません。」と言うと、母が「そんなふうに、にべもない断り方をするものじゃありません。」と言います。「にべもない」の「にべ」って、何ですか。

答え

「にべ」というのは、ニベ（鮸）という海魚の浮き袋（鰾）から作るにかわ（鮸膠・鰾膠）です。強い粘りけがあって、食用・薬用・工業用にされます。ニベだけでなく、コイ・ウナギ・サメなどの浮き袋も使われました。にかわの接着力がないということから、人付き合いについても「ねばりがない」ということで、「愛想がない。そっけない」という意味で用いられます。

解説

江戸時代には「粘りがない」ということで「にべなし」という語が用いられました。「愛想《あいそ》がない」ことを強めて「愛想も小想《こそ》もない」と言うように、「にべない」を強めて「にべもしゃしゃりもない」と言いました。「粘りけもなければしゃりしゃ

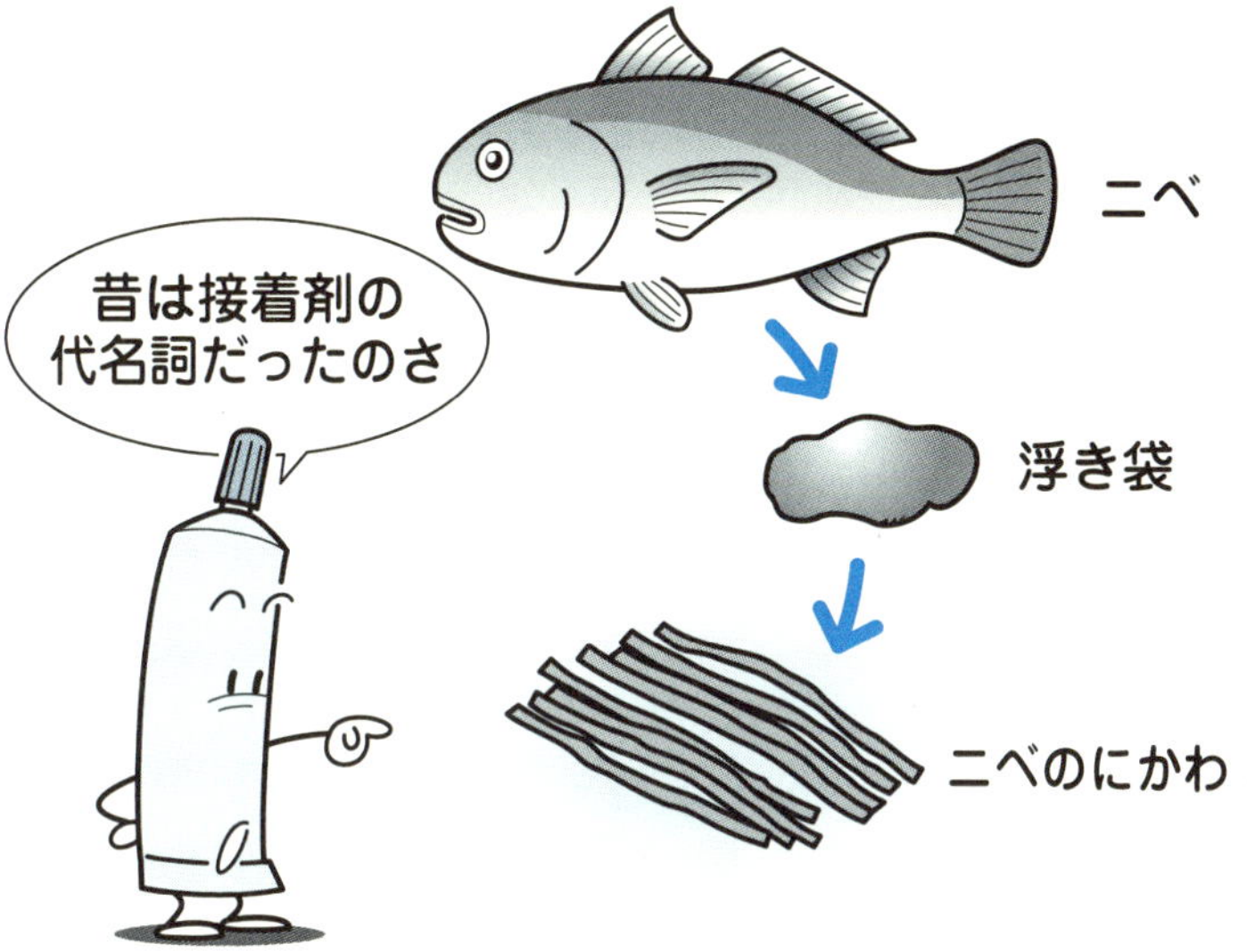
ニベ
浮き袋
ニベのにかわ
昔は接着剤の
代名詞だったのさ

りした（＝さっぱりとした）ところもない」ということで、「ひどく無愛想だ。味もそっけもない」ということでした。

その「にべもしゃしゃりもない」の「しゃしゃりも」がなくなったのが「にべもない」です。並立の「も」の一方がなくなっているので、何に対する「にべも」なのかがわからなくなっています。

似た意味の表現には次のようなものがあります。

・素っ気ない
・すげない
・そっぽを向く
・取りつく島もない
・背を向ける
・けんもほろろ

「ピンからキリまで」って？

問い

公民館での芸能大会を見てきた祖父が「ピンからキリまでおもしろかったよ。」と言うと、「そう。ピンからキリまでの芸人が出ていて。」と祖母が言います。「ピンからキリまで」とは、どういうことですか。

答え

祖父母の方《かた》のやりとりはおもしろいですね。「ピンからキリまで」を祖父の方は《初めから終わりまで》の意で、祖母の方は《最上位から最下位まで》の意で用いています。見事なかけあいです。なお、《最上位から最下位まで》の意では、略して「ピンキリ」とも言います。「ピンキリ総出演。」などと用います。

解説

ポルトガル語で「点」の意の pinta がピン、同じくポルトガル語で「十字架」の意の cruz が訛《なま》ってキリです。「一を聞いて十を知る」の「一」が一部分、「十」が全部であるように、「ピンからキリまで」は「一（＝一部分）から十（＝全部）まで」。《初めから終わりまで》また、《最上等から最下等まで》の意を表します。また、キリは、「限り」

を意味する「切り」であるとする説もあります。

ポルトガル語によると考える説のすぐれているのは、ピンとキリの両方の説明になっていることです。キリが「切り」だと見る説では、ピンのほうがうまく説明できていません。ただし、CRUZが訛《なま》ってキリになったとするのも強引な感じがあるので、「ピンからクルスまで」のクルスに「限り」を意味する「切り」をあてはめたと考えることはできます。

アルファベットでは「AからZまで」、ギリシャ文字では「α（アルファ）からω（オメガ）まで」などとも言います。

「糸瓜」を「へちま」と読むのはなぜ？

問い

市民講座で「糸瓜咲て痰《たん》のつまりし佛《ほとけ》かな」「痰一斗糸瓜の水も間にあはず」「をととひのへちまの水も取らざりき」という正岡子規の絶筆三句を教わりました。どうして「糸瓜」を「へちま」と読むのですか。

答え

江戸時代の街中では、「糸瓜《いとうり》」の「い」が省略されて「とうり」と呼ばれていました。その「と」がいろは歌の「いろはにほへとちりぬるを」の「へ」と「ち」の間、「へちま」です。

また、今日では見られなくなりましたが、完熟した実を繊維だけにして乾燥したものが「へちまたわし」として、風呂場でからだをこするのに用いられました。繊維の多い瓜だから「糸瓜」と名づけられたのですね。

解説

糸瓜の若い実は、みそ汁の具として食べられました。町人にとって、仕事に出かける前の朝飯のみそ汁の具としては、力のつく栄養豊富なアサリが望ましい

ものでした。ところが、小銭にも事欠くときには、早朝、天秤《てんびん》棒でかついで「あさりィ、あさりィ」と売りにくる椀《わん》いっぱいのアサリも買えなくなります。具のない、味噌《みそ》だけのとぎ汁というわけにもいかず、ただ同然の糸瓜を具にせざるを得なくなります。かみさん同士の朝の会話であっても、「けさは、とうりさ。」などとは声高に言えないので、「ここんとこ、しけてて、へちまうりさ。」などとしゃれたのでしょう。

　昔の女学生ことばに「ＧＩセンター」や「おみず」というのがありました。「ＧＩセンター」はアルファベットの「ＧとＩの間」を言い、水の化学記号はH_2Oです。どちらのことばも言うまでもなく、hentaiの頭文字Ｈを表します。

「ぽち袋」の「ぽち」って?

問い

ちょっとしたお礼の心付けを入れる小さな紙袋を「ぽち袋」と言います。「ぽち」ってなんですか。

答え

江戸時代のころから、関西では、「心付け・祝儀」の意味で用いています。粋人の用いた隠語のようなものであったらしく、確かなことはわかりません。もともとは「小さな点」をいう「ぽち」であったようです。

解説

今日でも、「小さな点」を「ぽち」と言います。「つなぎことばの下にはぽちを打つ。」「難しい漢字の横にぽちをつける。」などと使われます。

また、ボタンのような「小さなでっぱり」を「ぽち」と言います。『日本国語大辞典 第二版』には、吉屋信子「花物語」の「白菊」や中野重治「秋の一夜」の例が引かれています。

少ない量を「これっぽっち」と言います。この「ぽっち」は「ぽち」がもとになっていると考えられます。

右のような「ぽち」が「ほんの気持ちだけ」の意を表すもの、「ぽち袋」として用いられたのではないでしょうか。

二葉亭四迷が明治四十年（一九〇七年）に朝日新聞に連載した「平凡」に「ポチといふ名まで附いて」とあるように、明治三、四十年代には、犬の名に「ぽち」とつけることが流行しました。この「ポチ」は英語の spotty（ぶち犬）、米語で俗語の pooch（犬）、フランス語の petit（小さい）がもととなったという説があります。「ぽち袋」の「ぽち」とは別の語であると見るのがふつうですが、フランス語の petit との関連があるとすれば、おもしろいではありませんか。

「わが家の山の神」の「山の神」って？

問い

定年間近の上司は、同僚の誘いにも「わが家の山の神がうるさいから。」と断ることが多いのです。夫人を「山の神」と言うのは、どうしてですか。

答え

主婦は、山を支配する神のように家庭の実権を握って家族を支配し、夫も頭の上がらない存在だから、と言われます。

解説

狂言に用例がありますから、室町時代から用いられているのですが、庶民の間では、「山の神」は、「いろは歌」によることば遊びだとする説があります。

武士階級では、お勝手元を支配する女性が「政所《まんどころ》」または「奥方《おくがた》」と呼ばれました。明治時代に下っても、お屋敷に住む上流階級の主婦は「奥方」でした。他からは「奥様」と呼ばれます。職人などの庶民にも、「かか」を「おく」と言ってみたい気持ちがあります。いろは歌には「おくやまけふこえて」とあって、「おく」は「やま」の上にくるところから、仲間うちで「やまのかみ」としゃれることがありました。その「山の上」を学のある人が「山

の神」にしてしまった——というのが、庶民に語られてきている語源説です。言語学では、民間語源説《フォークエテモロジー》と呼ばれ、正式には認められていません。

また、本来の「山の神」は「山に宿る神様」です。山に住む民や農民にとっての産土《うぶすな》神で、女神であるとされます。ただし、地域によっては、男神または夫婦神であるとしています。里に下って田の神になるとする地域、天狗《てんぐ》が山の神であるとする地域もあります。

近年では、箱根駅伝で山上りの区間をすばらしい記録で走る選手を「山の神」と称することがあります。

七夕の歌にも出てくる「五色の短冊」の「五色」って？

問い　七夕の飾りに「五色の短冊」がありま す。虹の七色の赤・橙《だいだい》・黄・緑・青・藍・紫、絵の具の三原色の赤・青・黄は知っていますが、「五色」というのは、何ですか。

答え　青・赤・黄・白・黒の五色です。中国の陰陽道から生まれた「五行」に由来しています。

解説　「五行」とは、自然界にある「木・火・土・金・水」をそれぞれ「青・赤・黄・白・黒」の色で表したものです。また、絵の具の三原色は、シアン（青緑）・マゼンダ（赤紫）・黄ですから、それに白と黒を加えたのが五色なのですね。ついでながら、光の三原色は、赤・緑・青紫です。

仏教では、「五色の糸」というのがありま す。臨終に際して、極楽往生を願い、阿弥陀如来像の手から自分の手にかけわたす青・赤・黄・白・黒の糸です。

例　黒崎《くろさき》の松原を経《へ》て行く。ところの名は黒く、松の色は青く、磯《いそ》の波は雪のごとくに、貝の色は蘇芳《すはう》に、五色《ごしき》にいまひと色ぞ足らぬ。

〈土佐日記・二月一日〉

訳　黒崎の松原を経て船を進める。地名は黒崎で黒く、松の葉は青く、磯の波は雪のように白く、貝の色は赤紫色で、五色にもう一色が足りないことだ。

第2章

どっちが正しい？日本語の使いかた

問い 「口を濁す」か「ことばを濁す」か？

「私のこと好き？」

「君のことはとても大切に思っているけど……。」

そのあと、彼は ｛①口 ②ことば｝ を濁して、もごもご言うばかりだった。

答え ②ことば

《解説》 口に出してはっきり言わず、できれば曖昧なままにしておきたいことがある場合は「ことばを濁す」と言います。「濁す」というのは、「澄んだ状態ではなくする。不透明にする」ということです。語尾などをはっきり言わないで、明言を避けるのです。

「ことばを濁す」のは、まだいいほうで、途中で、「お茶」を口にしたりして、いいかげんなことを言って、その場をごまかす「お茶を濁す」ことさえあります。

ことばは口から出すものですが、「口を濁す」ことはできません。「口を濁す」と言い誤る

ことがあるのは、「口ごもる」と「ことばを濁す」とが頭の中に同時に浮かんでしまうからではないでしょうか。

ことばに詰まって「口ごもる」のは、誠実ですが、「ことばを濁す」のは、感心したものではありません。まして、「お茶を濁す」ようでは、信頼を失います。

【「ことば」の慣用句】

・ことばが過ぎる－度を越えて言う
・ことばに甘える－親切なことばに従う
・ことばに余る－言い尽くせない
・ことばを返す－口答えをする
・ことばを掛ける－話しかける
・ことばを飾る－美しく言う
・ことばを交わす－会話をする
・ことばを尽くす－詳しく説明する

問い 「舌先」か「口先」か？

「半年先には、必ず倍額でお買い戻しいたしますから……。」
「そんな ｛①舌先三寸 ②口先三寸｝ のことばには、乗れません。」

答え ①舌先三寸

《解説》「弁舌さわやか」「滑舌《かつぜつ》がよい」などと言うように、舌はことばをあやつるときに、重要な働きをします。舌が滑らかに動くかどうか。「三寸」というと、約一〇センチメートルほど。「舌先」が「三寸」では、ずいぶん長い舌になりますが、もとは「舌三寸」でした。舌全体の長さが「三寸」です。「口先」に引きずられて、「舌三寸」に「先」が入り込み、「舌先三寸」になってしまったようです。

その「舌先三寸」で、ほめたり励ましたり慰めたり勇気づけたりもできますが、ごまかしたりだましたりすることもできます。多くは「舌先三寸で言い逃れる」「舌先三寸で言いく

るめる」などとよくないほうに用いられるので、「舌先三寸のことば」は、「信用できないことば」ということになります。

心のこもらないことばが「口先」のことばです。「口先であしらう」「口先でごまかす」などと用います。「口先」だけでよいのですが、こちらは逆に、「舌先三寸」に引かれて「口先三寸」と言い誤ることがあります。言い誤りであって、「口先三寸」という語があるわけではありません。

【「舌」の慣用句】

・舌が回る－よくしゃべる
・舌の根の乾かぬうち－言い終わるか終わらないうち
・舌を出す－かげで相手をばかにする
・舌を巻く－すごく感心したり驚いたりする

問い 「口を拭う」か「尻を拭う」か？

「お疲れのようですね。」

「同僚の不始末の｛①口を拭う ②尻を拭う｝ばかりの毎日でして……。」

答え ②尻を拭う

《解説》 盗み食いの事実を隠すために、口の周りを拭うのが「口を拭う」です。「兄は、その件については、口を拭うばかりで、一言も話しません。」などと、「後ろめたいことがありながら知らん顔をする。知っているのに知らないふりをする」という意味に用います。

一方、「尻を拭う」は、用便後に尻を拭うことからきたもので、「他人の失敗や不始末の後始末をする」という意味で用います。「尻拭いをする」とも言います。

「口を拭う」のは、自分で自分の「口を拭う」のですが、「尻を拭う」のは、もっぱら他人の「尻を拭う」のですね。実際には自分の「尻を拭う」こともあるのですが、慣用句につい

ては、自分で自分の「尻を拭う」ことはありません。

【「尻」の慣用句】

・尻が暖まる－同じ場所に長くいる
・尻が重い－動作がにぶく動こうとしない
・尻が軽い－女性が浮気なようす
・尻が長い－他人の家で長居をする
・尻が割れる－悪事が露見する
・尻に敷く－夫を思うままにする
・尻に火がつく－事態が切迫する
・尻に帆をかける－さっさと逃げ出す
・尻を据える－一か所に落ち着く
・尻を叩《たた》く－早くするよう催促する
・尻を端折《はしょ》る－終わりを省く
・尻を捲《まく》る－居直る
・尻を持ち込む－始末をつけるよう求める

問い　「足を出す」か「足を伸ばす」か？

「家族旅行で少し　(ア)｛①足を伸ばし／②足を出し｝たら、(イ)｛①足を伸ばし／②足を出し｝てしまって、しばらくは倹約の耐乏生活になりそうです。」

答え　**(ア)　①足を伸ばし　(イ)　②足を出し**

《解説》　支出が予算を超えるのが「足を出す」、予定していたよりも先に行くのが「足を伸ばす」です。歩くときに働くのが「足」ですから、「足を伸ばす」が「歩くことを伸ばす」意味になるのはわかりますが、「足を出す」が「予算を超える」の意味になるのは、つぎのようなことからです。

お金というのは足があるかのようにすぐになくなる。それで、お金を「お足」という。こう考えると、「足が出る」や「足を出す」の「足」が理解しやすいかもしれません。

「足」の慣用句では、逃げた者の足取りがわかる、手掛かりが見つかり犯人がわかる「足が

つく」、歩き回って疲れる「足が棒になる」、歩きまわる、体を使って動きまわる「足を使う」、人の進むのを邪魔する「足をひっぱる」、好ましくない仕事をやめる「足を洗う」「足を抜く」などがよく用いられます。

他の慣用句も挙げます。

【「足」の慣用句】

・足が地につかない－気持ちや行動が落ち着かない
・足が早い－売れゆきが良い　腐りやすい
・足に任す－気の向くままに歩く
・足の踏み場もない－部屋などに物が一面に散乱している
・足をすくう－すきをついておとしいれる
・足を向けて寝られない－恩を受けた人への感謝を表すことば

問い 「手をこまぬく」か「手を握る」か？

「親友の苦境に、ただ（①手をこまぬく ②手を握る）ばかりだ。」

答え ①手をこまぬく

《解説》手を出さずに、腕を組んでそばで見ているのが「手をこまぬく（「手をこまねく」とも）」。拱手傍観《きょうしゅぼうかん》です。この場合の「手」は「腕」。もっとも、中国では、指を組み合わせて、その組み合わせた両手を胸元で上下するのが「拱手」で、敬礼の一つです。

仲間であることの親愛の情を示すのが「手を握る」。握手《あくしゅ》です。この場合の「手」は「手首の先＝掌」です。握手は、敵意のないことを示すだけの挨拶でもあります。ときに、仲直りのしるしとして、または、仲間になる（＝手を結ぶ）しるしとして「手を握る」こともあります。

関係を絶つ「手を切る」、仕事にとりかかる「手を染める」「手をつける」、そこから抜け

出す「手を引く」、てこずる「手を焼く」、避けていたことをする「手を汚《よご》す」など、「手」の慣用句も、「手にある」ほど、目につき、耳にします。

他の慣用句も挙げます。

【「手」の慣用句】

・手が空く－ひまになる　手がすく
・手が掛かる－いろいろ世話がやける
・手が込む－細工が精巧である
・手が無い－人手がない　手段がない
・手が付けられない－対処の方法がない
・手が回る－細かく心配りがなされる　警察などの手配がなされる
・手に取るよう－はっきりわかるようす
・手も足も出ない－自力では何ともできない
・手を抜く－仕事をいいかげんにする

問い 「首をひねる」か「首をすくめる」か？

「うっかりしました、ではないだろ！」

彼は ｛①首をひねって ②首をすくめて｝ 即座にわびた。

答え ②首をすくめて

《解説》首をひねったり頭をひねったりするのは、いぶかしいと疑い、考えるときのしぐさです。済まなく思って恐縮するときには、首をすくめます。「即座にわびた」のですから、叱られて納得ができずに「首をひねっ」たのではないのでしょう。自分の非を認めて、すぐにわびたのです。

「すくめる」というのは、「縮める」のですね。首をすくめたり肩をすくめたり身をすくめたり……。小さく見せて、敵からの攻撃を避けるための原始人であったころからのしぐさだったのかもしれません。

納得し同意して「首を縦に振る」、いぶかしく感じて「首をかしげる」、不本意ながら深入りする「首を突っ込む」、借金がかさんで「首が回らない」。「首を切る」「首になる」を含め、「首」を用いた慣用句もよく目にし耳にします。

他の慣用句も挙げます。

【「首」の慣用句】

・首がつながる－解雇されずにすむ
・首に縄を付ける－むりやりに連れてゆく
・首根っ子を押さえる－相手の弱みをにぎり何も言えなくする
・首をすげかえる－役を解き別の人とかえる
・首を垂れる－うなだれる
・首を長くする－今か今かと待ちこがれる
・首を横に振る－反対する

問い 「腹を抱える」か「腹をくくる」か？

「楽しそうですね。」

「ええ。おかしくて、①腹を抱える／②腹をくくる　二時間でした。」

答え ①腹を抱える

《解説》おかしくてたまらずに腹に手をあてて大笑いするのが「腹を抱える」、抱腹絶倒《ほうふくぜっとう》です。なお、「抱腹絶倒」は、もと「捧腹絶倒」でした。「捧」は「ささげる」。「棒」ではありません。「腹をくくる」は「腹を固める」「腹を決める」「腹を据える」などとほぼ同じで、「どんな結果になろうとそれに対処するぐらつかない心の状態にする。覚悟する」ということです。

心を合わす、ぐるになる「腹を合わす」、出産する「腹を痛める」、鬱憤を晴らす「腹を癒やす」、本心を鋭く問う「腹をえぐる」、食事をする「腹をこしらえる」「腹を満たす」、利益

を図る「腹を肥やす」、真意を知ろうとする「腹を探る」、怒る「腹を立てる」、本心をさらけ出す「腹を割る」など、「腹」が「母胎」や「胃」の意だけでなく、「心」の意になる慣用句が目立ちます。なお、失敗などの責任をとる「腹を切る」は、武士の切腹からきたものです。

他の慣用句も挙げます。

【「腹」の慣用句】

- 腹が痛む－自分の金を出す
- 腹が黒い－心の内がよくない
- 腹が据わる－覚悟ができ動じない
- 腹が減っては戦《いくさ》ができぬ－空腹では何事もできない
- 腹の虫が治まらない－怒りが我慢できない
- 腹も身の内－暴飲暴食は慎めという戒め

問い 「腹を据える」か「腰を据える」か？

「お帰り。村に戻ったんだ。」

「うん。この村に ｛①腹を据える ②腰を据える｝ つもりなんだ。」

答え ②腰を据える

《解説》「腹を据える」は、覚悟を決める。心を落ち着ける。「腰を据える」は、その場に座り込む。その場に落ち着いて事にあたる。また、ある場所に落ち着く。

この場合は、村に腰を据えて長く住むつもりだということです。

なお、心を落ち着ける意の「腹を据える」は、多く「腹を据えかねる」「腹に据えかねる」の形で、「彼の横暴には腹を据えかねる」などと、「我慢できない」の意で使われます。

また、「腰を据える」に似た言い方に「尻を据える」があります。多く、その場に落ち着き、一つの事に専心するようすのたとえで用います。

その他、「腰」は他の語の下に付いて「ごし」と読み、〈何かをする時の体勢や構え〉を表す場合があります。

例えば「及び腰」「けんか腰」「逃げ腰」「粘り腰」「本腰」「へっぴり腰」「弱腰」などの語がそれにあたります。

他の慣用句も挙げます。

【「腰」の慣用句】

・腰が重い－なかなか動こうとしない
・腰が強い－弾力性がある
・腰がない－粘り気や弾力性がない
・腰が抜ける－驚いて立てなくなる
・腰が低い－へり下って謙虚である
・腰を上げる－やっととりかかる
・腰を入れる－本気になって事をする
・腰を屈《かが》める－礼をする

問い 「鼻をあかす」か「鼻を折る」か？

「今朝の記事はスクープだね。」

「うん。久々にライバル紙の{①鼻をあかし／②鼻を折っ}たよ。」

答え ①**鼻をあかし**

《解説》 得意になっている相手を出し抜いてあっと言わせるのが「鼻をあかす」。慢心をくじき、恥をかかせるのが「鼻を折る」。「鼻を折る」は、得意になっている相手をうちのめすことを言い、相手を出し抜くという意味は含みません。自慢げである「鼻が高い」、自慢する「鼻を高くする」、得意満面で小鼻をひくひくさせる「鼻をうごめかす」、冷淡に対応する「鼻であしらう」「木で鼻をくくる」、軽蔑しきって相手にしない「鼻も引っ掛けない」、見せびらかす「鼻に掛ける」、狭い場所に居合わせる「鼻を突き合わす」、甘える「鼻を鳴らす」、悪臭などのはげしく臭う「鼻を突く」など、「鼻」を用いた慣用句も、よく耳にし目にします。

「鼻」という漢字は、鼻を描いた象形の「自」に音を表す「畀」を加えたもの。呉音（＝漢字音の一つで、古代中国の南方の音が日本に伝わったもの）ビ、漢音（＝漢字音の一つで、中国の長安を中心に行われた音が奈良時代以降日本に伝わったもの）ヒ。胎児の始まりは「鼻」からできると考えられ、「鼻」には「初め」の意があり、始祖は「鼻祖」とも言われます。

他の慣用句も挙げます。

【「鼻」の慣用句】

・鼻が利く－ある兆しを鋭く感じとる
・鼻で笑う－鼻先で軽蔑して笑う
・鼻に付く－相手をいやみに感じる
・鼻の差－ほんのわずかの差
・鼻の下が長い－女性に対してあまい

問い 「方向」か「方角」か？

「郵便局には、どう行けばいいですか。」

「ここから東南の ｛①方向 ②方角｝ に行ってください。」

答え ②方角

《解説》「方向」は、「前・後ろ、右・左、上・下」です。「方角」は、「東・西・南・北」などの方位です。

「方向」は自分を中心にその向きによって定まりますが、「方角」は向きによって変わることはありません。前向きで前方が東であれば、回れ右をして後ろ向きになっても、東は東ですから、東は後方になります。

方角の「四方」に、北東（東北）・北西（西北）・南東（東南）・南西（西南）を加えると、「八方」になります。あらゆる方角ということで「四方八方」と言います。

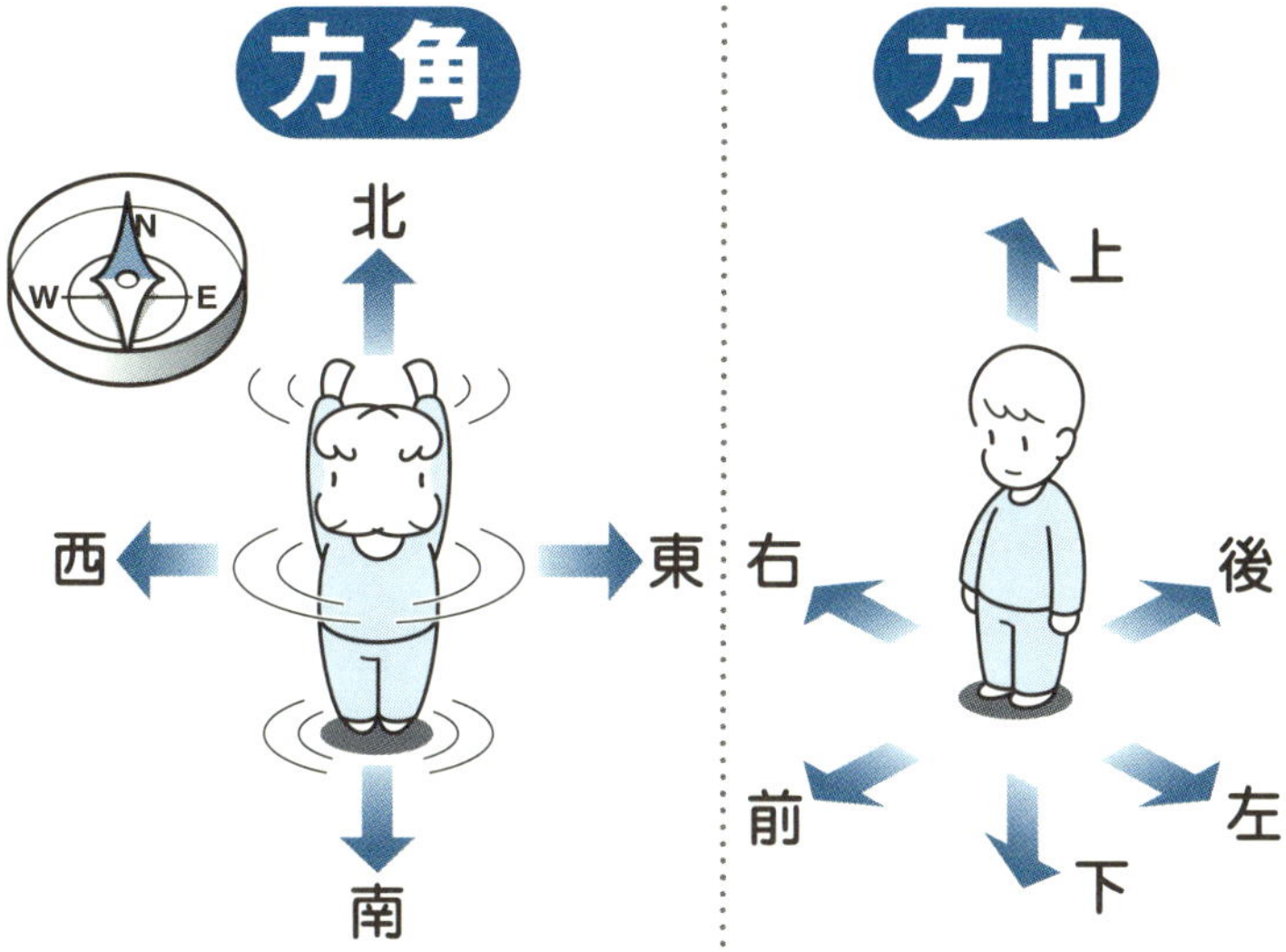

方角は方位とも言います。「方位は南です。」「北東の方位です。」のように用います。

方角・方位については、「南南西の強風です。」「北北東に進路をとれ。」などと、八方よりも細かく分けて言うこともあります。三六〇度を九〇度ずつに分けると、四方。四五度に分けると、八方、二二・五度に分けると、十六方です。

【「方向」の同音異義語】

・芳香－よいにおい
・彷徨《ほうこう》－あてもなくさまよい歩くこと
・奉公－人の家や店などにやとわれて、その仕事に従事すること
・咆哮《ほうこう》－獣などがほえること
・放校－処分して学校を追放すること
・砲口－大砲の、弾が出る口

問い 「右岸」か「左岸」か？

「上流をご覧くださいませ。左手の ①右岸 ②左岸 に見えます白い建物がお昼のお食事をおめしあがりいただくホテルでございます。」

答え ①右岸

《解説》川の右岸・左岸というのは、川の流れに沿って、上流から下流に向かってのものです。下流に向かって、右手が右岸、左手が左岸です。

川下りであれば、右手が右岸、左手が左岸なのですが、この場合は、川上りの舟の中から上流を見ているようですから、右手が左岸、左手が右岸になります。

「左手の右岸」と言うと、「えっ、どっちなの？」と思ってしまいます。「前方、左手に見えます白い建物が……」などと言えば混乱しなかったかもしれません。「左手の右岸に見えます……」と正確な物言いをしたために、かえってわかりにくくなりました。

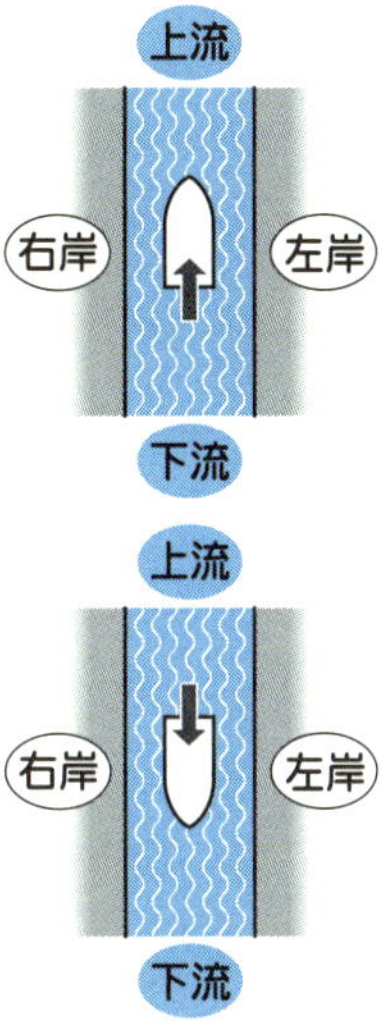

「右」も「左」も、本来の「みぎ」「ひだり」の意味を表すだけでなく、それぞれ違う意味に使われることがあります。

そば・わきの意味の「座右の銘」、政治的な保守（↔急進）・右翼（↔左翼）を表す「右傾化（↔左傾化）する」、とうとぶ意味の「右《ゆう》武《ぶ》（＝武芸を尊ぶこと）」、また、昔の中国では右を尊び左を下に見たことから、低い地位に移すことをいう「左遷」などです。

【「右」の慣用句】

・右から左－受け取ってすぐ他人に渡すこと
・右と言えば左－何にでも反対すること
・右に出る者がない－その人に勝る人はない
・右へ倣え－人に合わせて行動すること
・右も左もわからない－全く見当がつかない

問い 「釘《くぎ》」か「杭《くい》」か？

「次の部長候補の彼が転勤だって？」

「そう。出る ①釘 ②杭 は打たれる、さ。」

答え ②杭

《解説》「人よりすぐれて抜け出ていると、妬《ねた》まれたり憎まれたりしがちだ」、「でしゃばって余計なことをすると、仕返しされるものだ」の意の慣用句は、「出る杭は打たれる」です。似た意味を表す慣用句に「大木は風に折らる」があります。

落語の「粗忽《そこつ》の釘」では、隣で壁に打ち込んだ釘が仏壇に祀《まつ》られている阿弥陀《あみだ》様の頭のところを突き抜けて釘の先が飛び出ていました。ここでは金鎚《かなづち》で飛び出た釘の先を打つので、「出る釘」となりそうです。また、「釘」の慣用句には「釘を刺す」があり、「あとで問題が起こらないように、前もって厳しく言っておく」意味で使われます。

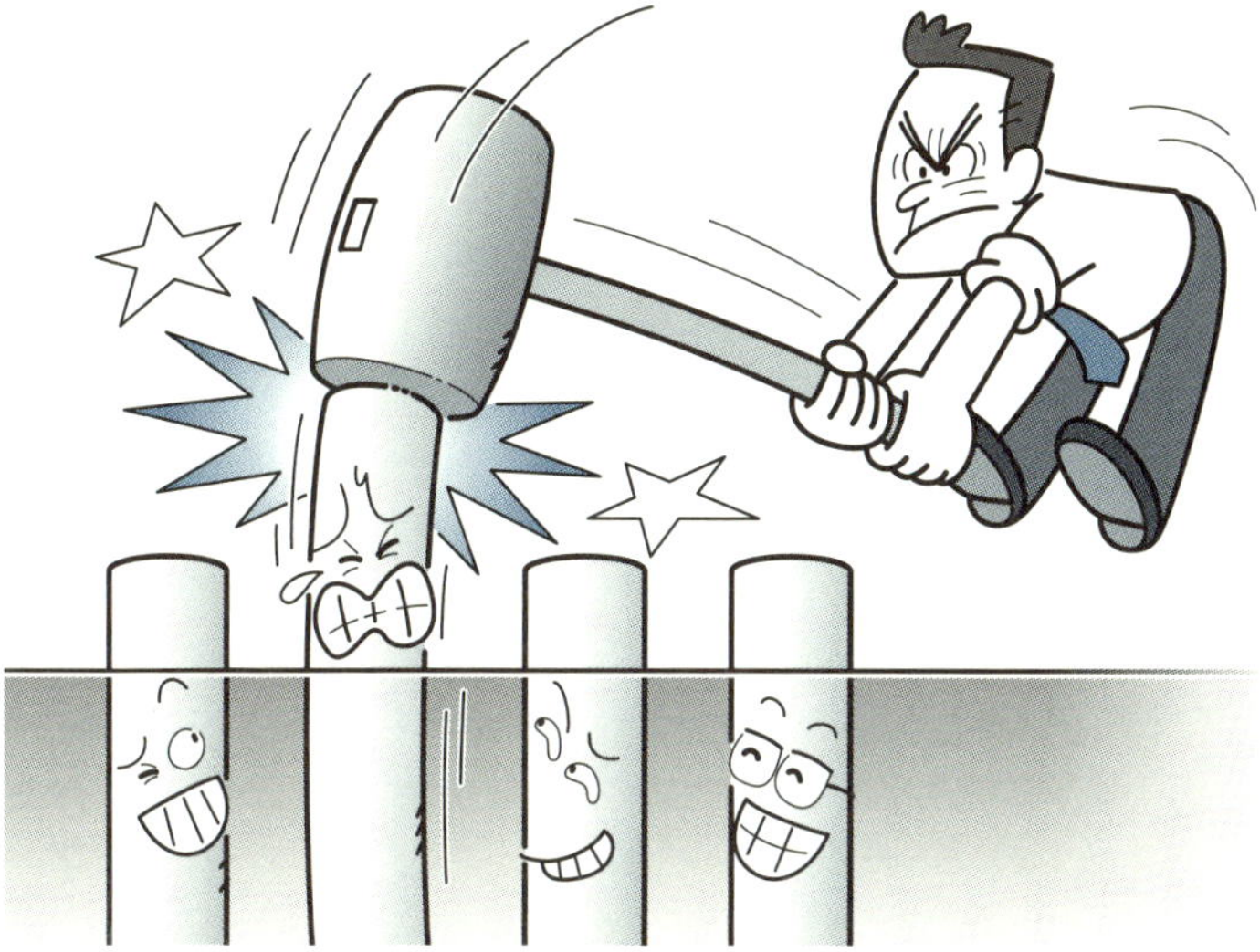

今日ではあまり見られなくなりましたが、土留めをしたり水路を作ったりするときには、杭が打たれました。何本もの杭の頭が同じ高さになるように、飛び出た杭は打ち込まれたものでした。「出る杭は打たれる」は、こんな杭打ち作業が頻繁に行われていた日常から生まれたものです。

新しいマンションの建築時に「杭打ち」のデータを改ざんしたり流用したりして、本来の長さより短い杭が使われていたということが報じられたりしましたが、これなどは「出る杭は打たれる」ではなく、「短すぎる杭は打てない」と言いたくなるような粗忽マンションのひどい事件でした。

誰かが釘を刺しておく必要があったようです。

問い 「静聴」か「清聴」か？

「このように考え、私から皆様にお訴えする次第です。

①ご静聴
②ご清聴

ありがとうございました。」

答え ②ご清聴

《解説》「静聴」は、「静かに聴くこと」、「清聴」は、「お聴きになること。お聴きくださること」です。話し手が聴き手の聴きかたを「静かであった」とか「騒がしかった」とかと評価してはなりません。お聴きくださったことへのお礼ですから、「ご清聴」でなければなりません。

漢字一字で敬意を表すものがあります。

尊敬語にするのが、「貴社・貴校」などの「貴」、「玉案・玉稿」などの「玉」、「高見・高評」の「高」、「清聴・清覧」などの「清」など。

謙譲語にするのが、「小社・小誌」などの「小」、「拙宅・拙論」などの「拙」、「粗品・粗茶」などの「粗」、「拝見・拝読」などの「拝」、「弊社・弊店」などの「弊」など。

古く、謙譲語の「愚見・愚弟」、「豚児」なども用いられましたが、へりくだりすぎるのも慇懃《いんぎん》無礼の感があります。適度に用いるほうがよいでしょう。

なお、「清」は気づきにくいのですが、「清聴・清覧」のほかにも、「清栄・清閑・清鑑（＝詩文や書画を見てもらうときのすぐれた鑑別力）・清玩（＝他人の鑑賞の尊敬語）・清興・清吟・清祥・清適・清福・清遊」など、相手の動作・状態を敬う語が少なくありません。

問い 「縦じま」か「横じま」か

「黒と白のしま模様がきれいね。」

「お母さん、シマウマって、{①縦じま ②横じま}なんだね。」

答え ②横じま

《解説》 シマウマは腹のあたりの白と黒の縞《しま》が上下の方向に伸び、垂直に見えるので「縦じま」だと思いがちですが、シマウマの頭を上とすると、頭に対して縞が左右の方向、水平になるので「横じま」です。

衣服の縞が縦か横かは、頭を上にして立った状態で、言います。動物についても、人間の場合に準じて、頭を上にして立った状態で、言います。

シマウマの他に体に縞模様をもつ動物にはトラがいます。ただ、なぜ体の模様が縞になっているのかは、いろいろ仮説があり、はっきりとはしていません。

魚の場合も、頭を上と見て、頭に対して垂直であれば「縦じま」、水平であれば「横じま」と言います。「縦じま」にはカツオ、「横じま」にはイシダイなどがいます。

ついでながら、紙とか本とか箱とかの縦・横は、上下が定まっていなければ、ふつう、長いほうが縦で、短いほうが横になります。「横長《よこなが》」というのは、上下が定まっていて、縦よりも横のほうが長い場合に言います。

道路や河川は「横切る」ことはできますが、「縦に切る」ことはできません。ただし、山脈の場合は「縦走」も「横断」もできます。

問い 「汚名挽回」か「汚名返上」か？

「見事な配球で、三球三振です。」

「鮮やかなものです。これで、
①汚名挽回
②汚名返上
ですね。」

答え ②汚名返上

《解説》「汚名」は、「悪い評判。不名誉」ということ。「挽回」は、「もとへ返すこと。もとに戻すこと」。「返上」は「お返しすること」です。「汚名」は「返上」しなければなりません。

解説者は「汚名を返上し、名誉を挽回しました」と言いたかったのでしょう。「汚名返上」と「名誉挽回」をまぜこぜにして、ついつい「汚名挽回」などと口走ってしまうのは間違いです。

二つの語がまぜこぜになって新たな語になることを、言語学ではcontamination《コンタミネーション》（混淆《こんこう》）

と言います。「淆」が常用漢字表外の漢字なので、「混交」と書くこともあります。「乱交」との連想で、「混交」の表記を避けることもあります。

「とらまえる」は、「とらえる」と「つかまえる」の混淆、「やぶける」は、「やぶる」と「さける」の混淆です。

慣用句についても、「苦渋をなめる」は、「苦渋を味わう」と「苦汁をなめる」の混淆と見られ、「骨身をやつす」は、「骨身を削る」と「憂き身をやつす」の混淆と見られています。

まだ一般に承認されてはいませんが、「汚名挽回」は、「汚名返上」と「名誉挽回」の混淆と認められるようになる日がくるのかもしれません。

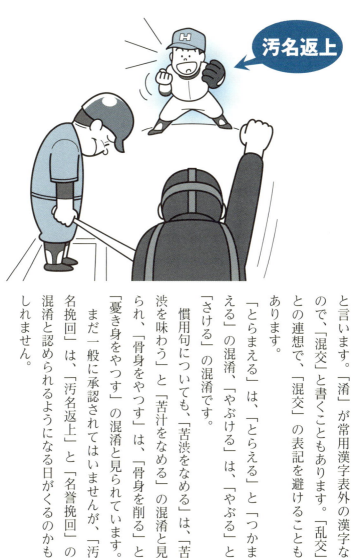

問い 「お食べになる」か「めしあがる」か？

「デザートは ｛①お食べになり ②めしあがり｝ ますか。」

答え ②めしあがり

《解説》最近聞かれるようになったのが、「お食べになる」という言いかたです。

これは、これまでの日本語の世界では、言えなかった表現です。「食べる」は、「いただく」にあたる謙譲語です。謙譲語を尊敬語にする形式「お～になる」にあてはめることはできないのです。

「うかがう」を「おうかがいになる」、「拝見する」を「ご拝見になる」などと言えないのと同じです。

ただし、「部長、これから社長のところにおうかがいになりますか。」のように、社長と部長との双方に敬意を表そうとする場合であれば、謙譲語を尊敬語形式にあてはめることがで

きます。「うかがい」で社長に対する敬意が、「お～になり」で部長に対する敬意が表されています。ついでながら、「ます」は、話し手から聞き手の部長に対する敬意を表しています。

ところで、「デザートは、めしあがりますか。」は、誤りのない言いかたですが、レストランで接客するウエーターのもの言いとしては感心しません。「めしあがる」という尊敬語を用いるにしても、要は、「食うか」と、客の行為をたずねる言いかたです。行為には触れず、「デザートは、いかがですか。」と言うのが品のある言いかたです。

問い 「ご乗車できる」か「ご乗車になれる」か？

駅でのアナウンス。

「この列車は回送になります。｛①ご乗車でき ②ご乗車になれ｝ませんから、ご注意ください。」

答え ②ご乗車になれ

《解説》 これとよく似たものに、菓子店や総菜店の貼り紙で「お持ち帰りできます」とあるのもよく目にします。

アナウンスの「ご乗車できません」にしても、貼り紙の「お持ち帰りできます」にしても、「お～できる／ご～できる」が謙譲表現になる点が困るのです。

「このお話、お受けできません。」「これ以上はご説明できません。」などが典型となる謙譲表現です。

駅員や店主の行為になら謙譲表現を用いることができますが、駅員が「乗車でき」ず、店主が「持ち帰りでき」るということではないのです。乗客が「ご乗車になれません」、客が「お持ち帰りになれます」にしなければならないのです。

時間に追われていたら、そんなまだるっこしい言いかた・書きかたができるか、と叱られそうです。謙譲表現ととられないようにするには、「ご乗車ができません」「お持ち帰りができます」と「が」の一字を加えれば済むことです。

また、アナウンスでは「ご乗車」のところでちょっと息継ぎをする、貼り紙では「お持ち帰り」の下をちょっと空ける。そんな配慮でもよいのです。

問い 「グランド」か「グラウンド」か？

「野菜の即売会があります。｛①グランド ②グラウンド｝にお集まりください。」

答え ②グラウンド

《解説》 英語では、grand [grænd] と ground [graund] ですから、明らかな違いがあります。

しかし、グランドピアノ【grand piano】のグランドも、運動場のグラウンド【ground】も、外来語としての日本語での発音は、ほとんど区別がありません。だから、「グラウンド」も「グランド」と書いてしまいがちなのです。

表向きの文書でなければ、発音どおりでもよいのですが、表向きの文書であれば、国語辞典の見出し語などで、「グランド」と「グラウンド」に書き分けている表記に従うほうがよいのです。

『広辞苑　第六版』によると、グランド【ground】には、「→グラウンド」とあり、グラウンド【ground】に「〈地面の意〉運動場。野球などの競技場。グランド。」とあります。実態を踏まえて、「グランド」が誤りの扱いにはなっていませんが、矢印によって「グラウンドを見よ」とのことですから、ground の日本語表記は「グラウンド」でありたいということです。

このように、発音が似ている英語をカタカナ表記にすると違いがよくわかるものがあります。

・ボウル【bowl】皿。「サラダボウル」
・ボール【ball】球。「テニスボール」
・ボウリング【bowling】ピンを倒す球技。
・ボーリング【boring】穴をあけること。

問い 「バレー」か「バレエ」か？

「市民会館ホールで｛①バレー ②バレエ｝の公演があるんだって。」

「試合でなくて、コーエン？」

答え ②バレエ

《解説》 舞踊のバレエは、フランス語の ballet によるもの、スポーツのバレーは、英語の volleyball によるものです。外来語としての日本語での発音は、ballet と volley は、ほとんど区別がありません。書くときには、「バレエ」と「バレー」に書き分けます。会話では、バレエは「バレー」、バレーは「バレーボール」と言い分けることが多いようです。中には、意識して、「バレエ」と「バレー」に言い分ける場合もあります。

平成三年六月二十八日内閣告示第二号「外来語の表記」（原文は横書き）には、

Ⅲ 撥《はつ》音、促音、長音その他に関するもの

…………
3　長音は、原則として長音符号「ー」を用いて書く。
…………
注1　長音符号の代わりに母音字を添えて書く慣用もある。
〔例〕バレエ（舞踊）　ミイラ
…………
とあります。

公文で、「バレエ」の表記が告示されています。

ちなみに、次のような語は表記も同じで紛らわしく間違いやすい語です。

・シート【seat】座席。「チャイルドシート」
・シート【sheet】紙や薄板の一枚。「切手のシート」

コラム2　数のつく日本語②

古墳の壁画などに残る「四神」って何？

問い　「四季」が春・夏・秋・冬であることは知っていますが、「四神」って、何ですか。

答え　天の四方の方角の守り神です。東の青《せい》竜《りゅう》・南の朱雀《すざく》・西の白虎《びゃっこ》・北の玄武《げんぶ》をいいます。中国の古い思想に由来します。

解説　「四季」に色を配すると、春が青、夏が朱、秋が白、冬が玄であることは、ご存じでしょうか。そう、青春・朱夏・白秋・玄冬といいますね。え？　玄は何色かって。玄人と書いて、「くろうと」と読むじゃありませんか。玄は「黒」です。

　この青・朱・白・玄で、気づきませんか。そうです、青竜・朱雀・白虎・玄武ですね。これが「四神」。東・南・西・北の方角の守り神です。「四神」は知らないにしても、青竜刀・朱雀門・白虎隊・玄武岩などの語は、おなじみでしょうか。北原白秋の名もこれに由来します。

　四方について、日本ではふつう東西南北といいますが、麻雀では東南西北（トンナンシャペイ）ですね。中国ではこの順序がふつうです。なお、「南北」は「なんぼく」とも「なんぽく」ともいわれますが、辞書などでは「なんぼく」が見出しになっています。

四方	東	南	西	北
四季	春	夏	秋	冬
四神	青竜	朱雀	白虎	玄武

第3章

誤用される日本語

「犬にえさをあげる」？

問い

犬の散歩をさせている女性の会話です。おかしなところを探しましょう。

「暑いけど、よく食べます？」

「うちは、主にドライフードをあげてます。よく食べますよ。」

答え

「食べる」は、かつては「いただく」にあたる謙譲語でしたから、こんな場面では「食う」と言うべきだと言われたものです。しかし、現在では、「食う」の丁寧語として「食べる」を用いることが多いのです。よく問題になるのは、「**あげる**」です。

○神棚にお榊《さかき》を**あげる**。

○仏さまにお花を**あげる**。

一九七〇年代までは、このように、敬意を払わなければならない対象に「あげる」を用いました。謙譲語だったのです。それで、

○子どもに小遣いを**あげる**。

○プランターの草花に水を**あげる**。

のような用いかたは、「子ども」や「草花」は、敬意を払わなければならない対象ではない

ので、誤りとされたのでした。

ペットの犬にしても、敬意を払わなければならない対象とは考えられません。「主にドライフードをあげてます」の「あげる」は、まずいのではないかと、感じられます。

ところが、「あげる」を別の語に置き換えようとすると、「与える・やる・くれる・施す」などのどれもがしっくりしません。敬意の点では中立の「やる」が適切なはずですが、好ましくない意味としても用いられるので、女性が口にするにはためらわれます。

謙譲語の「食べる」が「食う」の丁寧語として用いられるように、「あげる」も「やる」の丁寧語として用いてもよいのではないかと考えられたのでしょう。

「とんでもございません」？

問い

デパートで出会った中年の婦人の会話です。おかしなところを探しましょう。

「先日は、たいそう結構なお品を頂戴いたしまして、ありがとうございました。」

「とんでもございません。ほんのおしるしばかりで……。」

答え

相手の言っていることを強く打ち消して「そんなことはない」という意味を表す形容詞の「とんでもない」は、「途《と》でもない」であったとされます。もとは、「途＝みち」でもない、常識はずれだ、思いがけないということであったというのです。

しかし、古くから、「飛んでもない」と書かれることがありました。

例 あなたも御見受け申す所大分御風流で居らつしやるらしい。ちと道楽に御始めなすつては如何《いかが》ですと、**飛んでもない**勧誘をやる。〈夏目漱石・坊っちやん〉

形容詞の丁寧な表現は、「美しい」が「美しいです・美しゅうございます」になり、「あぶない」が「あぶないです・あぶのうございます」になるように、「とんでもない」は「とんでもないです・とんでものうございます」になるはずです。

ところが、もとが「途でもない」だとすると、「途・で・も・ない」の四つに分けることができ、この「ない」の部分を「ありません」や「ございません」に置き換えて、丁寧に言おうとします。「とんでもありません・とんでもございません」という表現です。

もとはどうであっても、今はくっついて「とんでもない」という形容詞なのだから、「とんでもありません」や「とんでもございません」は、「あぶない」を「あぶありません・あぶございません」、「きたない」を「きたありません・きたございません」と言うようなもので、誤りであるとされます。

「蛙の子は蛙」

お隣同士の婦人の会話です。おかしなところを探しましょう。

問い

「お嬢さん、コンクールで入賞なさったんですって？　蛙の子は蛙ね。おめでとう。」

「あら、鳶《とび》が鷹《たか》を生んだって、おっしゃりたいのでしょ。運がよかっただけよ。」

答え

《優秀な親の子はやはり優秀だ》というつもりで「蛙の子は蛙」と言ったのでしょうが、「蛙の子は蛙」は、《凡人の親の子はやはり凡人だ》ということです。ほめことばにはなりません。この逆に、《平凡な親に優秀な子が生まれる》という意味で用いられることわざが「鳶が鷹を生む」です。

蛙の子は、おたまじゃくしです。親の姿とはまるで似ていません。親と違って、何かすばらしいものになるのではないかと思わせます。ところが、成長するにつれ、後ろ足が出、尾が短くなり、前足が出、尾がなくなって、親と同じ姿になります。なあんだ、「蛙の子はやはり蛙」か。——ということだったのです。

同じような意味・用法のことわざに「瓜《うり》の蔓《つる》に茄子《なすび》はならぬ」があります。《平凡な親に

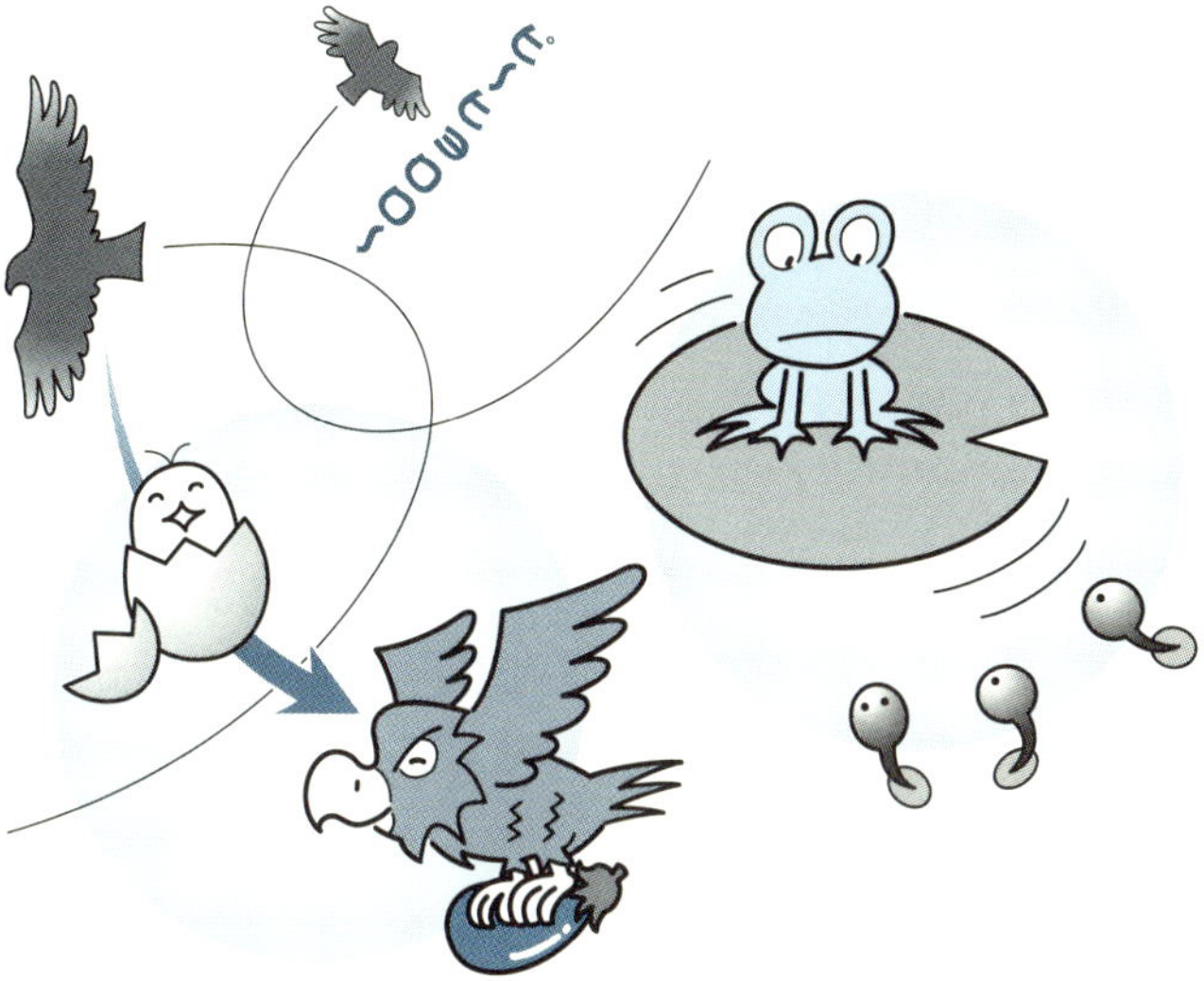

優秀な子は生まれない》というのです。

なお、《教えを受けた人（弟子）が教えた人（師）よりも優れる》という意味で用いられるのが「青は藍より出《い》でて藍より青し」です。「出藍の誉れ」とも言います。

例　学はもって已《や》むべからず。青はこれを藍より取りて藍よりも青く、氷は水これを為《な》して水よりも寒《つめた》し。〈中国『荀子《じゅんし》』勧学〉

訳　学ぶことはこれで十分だなどとやめてはいけない。青は藍から取って藍よりも青く、氷は水から作って水よりも冷たい。弟子が師よりも優れるのは、師が学ぶことをやめたのに、弟子が不断に学び続けたからなのだ。

この対句表現の後ろの部分も「氷は水より出でて水より寒し」の形で、「青は藍より出でて藍より青し」と同じように用いられます。

「馬子にも衣装」

問い 七五三のお宮参りで出会った婦人の会話です。おかしなところを探しましょう。

「お嬢さんですか?」
「いいえ、孫なんですよ。長女の娘。七つになりましたの。」
「お孫さん? おきれいですこと。ほんとに、馬子にも衣装ですね。」

答え 「孫」に「馬子」を掛けたしゃれなのかもしれませんが、「馬子にも衣装」は、いけません。実用本位の粗末な身なりで、旅人や荷物を乗せた馬の口を引くのが「馬子」です。ふだんはこんな身なりの馬子であっても、衣装を整えると立派に見えるというのが「馬子にも衣装」ということわざです。

松尾芭蕉の「おくのほそ道」の冒頭にも、

例 月日は百代《はくたい》の過客《くわかく》にして、行きかふ年もまた旅人なり。舟の上に生涯をうかべ、馬の口とらへて老いをむかふるものは、日々旅にして旅を栖《すみか》とす。

訳 月日は永遠の旅人であって、去っては来、来てはまた去る年もまた旅人である。人や物を乗せ

た舟の上で一生を過ごし、人や物を乗せた馬を引いて年をとり老いを迎える者は、毎日毎日の生活が旅であって、旅を自分のすみかにしている。
とあります。

七五三のお宮参りで着飾った七歳の女の子は、たいそうきれいだったのでしょう。それで、聞き覚えの「馬子にも衣装」と言ったのでしょうが、ほめことばにもお世辞にもなっていません。言われたほうは、むっとします。「孫には違いないが、馬子呼ばわりは、ひどいじゃないの」というわけです。

容姿の美しい人の立ち居ふるまいをほめたたえる、「立てば芍薬《しゃくやく》、座れば牡丹《ぼたん》、歩く姿は百合の花」はよく知られていますが、今日ではあまり用いられません。こんな場面での適切なことわざはなかなか見当たりません。

「割れ鍋に綴じ蓋」

問い

大学時代の同級会での初老の男性の会話です。おかしなところを探しましょう。

「退職後は、連れ合いと家庭菜園で農作業をするつもりだよ。」
「いいねえ。夫唱婦随か?」
「いや、婦唱夫随で、お手伝いかな。二人三脚とはいかないね。」
「割れ鍋に綴《と》じ蓋《ぶた》で、夫婦仲がよくって、最高の晩年じゃないか。」

答え

「婦唱夫随」は、意識して言ったのでしょうから、ことば遊びで許されるとして、「割れ鍋に綴じ蓋」が困ります。

文字どおりの意味は、《破損した鍋にもそれに似合う繕い直した蓋がある》ということで、「どんなことでも、似通った者同士のほうがふさわしいということ」または「誰にでもその人に見合った結婚相手がいるということ」のたとえです。似合いの夫婦であるにしても、「破損した鍋」に「繕い直した蓋」ですから、ほめことばにはなりません。

「綴じ蓋」は「閉じ蓋」ではありません。現在では、木でできた蓋を見ることがほとんどあ

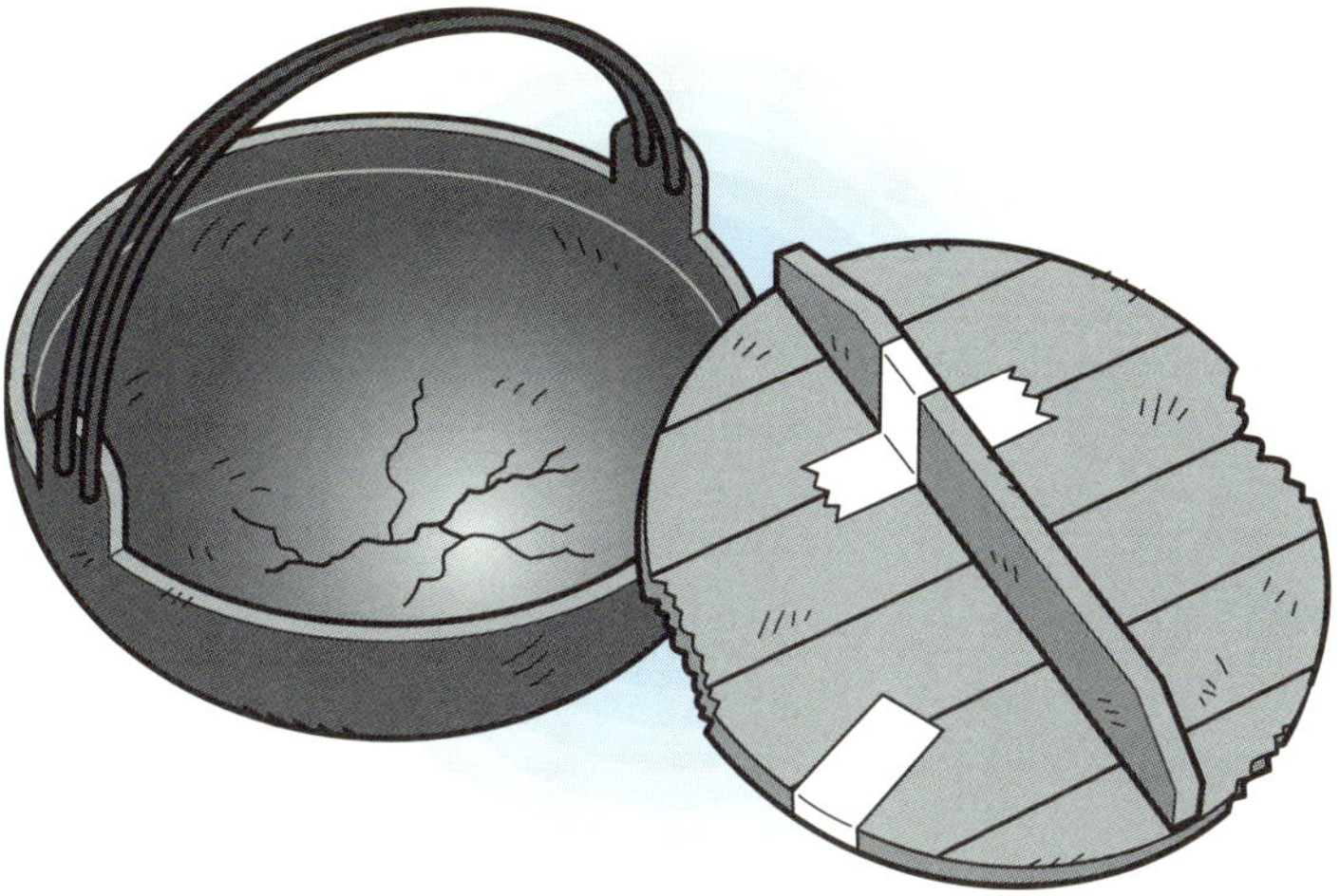

りませんが、以前は、木製でした。漢字の部首に「亠（なべぶた）」があります。板を組んで鍋の蓋になるほどの幅にし、丸くした板の真ん中に手で挟み持つことのできる細長い板をはめ込んだ鍋の蓋の形が「亠」に見えるからです。この鍋蓋は使いつけているうちに、そったり一部分がはずれたりしました。それを繕ったのが「綴じ蓋」です。

また、鉄製の鍋は落としたりすると、ひびの入ることがありました。それが「割れ鍋」です。鍋も蓋も完全ではないのです。

欠陥のある不完全な者同士と言われて喜ぶ人はあまりいないでしょう。こんな場面では、「琴瑟《きんしつ》相和す」が適切でしょうか。

「割れ鍋に綴じ蓋」は、江戸のいろはがるたの「わ」にあります。

「一姫二太郎」

問い

近所住まいの若い男性の会話です。おかしなところを探しましょう。

「おめでとうございます。三人目がお生まれとか。」
「おかげさまで。母子ともに無事でした。」
「坊や？　お嬢さん？」
「男です。一姫二太郎です。」

答え

算数の足し算が得意なのか、女が一人、男が二人の三人の子持ちであるのが「一姫二太郎」だと思っている人が多いのですね。実は、《一番目が女、二番目が男》ということです。最初が女だと育てやすく、次に男の子ができると上の女の子が世話をするので、親にとっては理想であるということです。

縁起のよいめでたい初夢の「一富士二鷹《たか》三茄子《なすび》」、音曲での「一声二節《ふし》三臓《ぞう》」（臓は肺臓）、女性にもてる条件の「一押し二金三男」（男は男前）、男性の不謹慎な思いをいう「一盗二婢《ひ》三妾《しょう》四妓《ぎ》五妻」など、どれも一番目、二番目、三番目の順番です。数のことを言っているのではありません。

日本語の楽しさ１

【擬声語（擬音語）・擬態語＝オノマトペ】

・**意味**

擬声語—物音や鳴き声などを、そのように感じられる音で表した語。擬音語。

擬態語—身振りや事物の状態の感じを表した語。

擬声語と擬態語を総称して「オノマトペ」といいます。

・**擬声語（擬音語）**

例（物音）ガタガタ・ザーザー・ドカン・バタバタ・バタン・ヒューヒュー

（鳴き声）キャンキャン・ニャーニャー・ピヨピヨ・ブーブー・メーメー・ワンワン

・**擬態語**

例　おどおど・きらきら・さらさら・すべすべ・どきどき・にっこり・わくわく

「確信犯」

問い

近所住まいの中年男性の会話です。おかしなところを探しましょう。

「爪に火をともすようにして貯えた老後資金を詐欺で奪うなんて、ひどいですね。」

「おれおれ詐欺ですね。最近、多いですね。」

「人の子でしょうに、痛みを感じないのですかね。」

「確信犯ですから、ビジネスとしてやっているのでしょう。」

答え

おれおれ詐欺がビジネス感覚の「確信犯」だというのですね。「確信犯」というのは、法律上、《道徳的・宗教的または政治的義務の確信を動機としてなされる犯罪》です。噛《か》み砕いて、《自分の信念に基づいて正しい行為と信じてなす犯罪》と説明されたりもしますが、最近では《悪いとわかっていながら行う犯罪》の意味に誤用されることが多いのです。「おれおれ詐欺」が「確信犯」だとするのは、誤用です。

革命などの政治犯や思想犯が典型となる「確信犯」です。コペルニクスの地動説を認め、宗教裁判で有罪となったガリレオ・ガリレイの「それでも地球はまわる」も「確信犯」でした。

日本語の楽しさ２

【大和ことば】

日本語には、次の三種類のことばがあります。

・**漢語**―古く中国から入ってきて、日本語となった音読みの語。また、日本でつくられた語でありながら音読みをする語。

・**外来語**―おもにもと欧米語だったものが、取り入れられて国語と同じように用いられている語。ガラス・コップ・パンなど。

・**大和ことば**（和語）―日本に昔からあることばで、この大和ことばを用いると美しく雅な感じを表現することができるとして、最近見直されるようになっています。

例

あらまし（大体）・思いの外（意外に）・こよなく（非常に）・しののめ（明け方）・ひらめき（着想）・ふみ（手紙）

「元本」

問い

電話による出資の勧誘です。おかしなところを探しましょう。

「二か月だけお預けになりませんか。年一割の利子がつきます。」

「年に一割ですか。銀行の定期でも、〇・五パーセントですよ。」

「そのとおり！　二十倍です。しかも、げんぽん保証です。」

答え

まさか「現金」ということではないのでしょうが、「げんぽん」は、いけません。「元本」は、ゲンポンというと、もとの本。ガンポンというと、もとで。最近では、「もとの本」は「原本」と書くことが多くなっています。利子を生み出す「もとで」が「元本」です。「元金」ともいいます。金融機関の人であれば、こんな誤りをするはずはありません。「元」の漢音（＝漢字音の一つで、中国の長安を中心に行われた音が奈良時代以降日本に伝わったもの）がゲン、呉音（＝漢字音の一つで、古代中国の南方の音が日本に伝わったもの）はガン。「元気・元凶・元素・還元・根元・多元」などはゲン、「元日・元祖・元旦・元来」などはガンです。

元本？

日本語の楽しさ3

【物の数え方①】

物の数え方にはさまざまな呼び方がありますが、広く用いられる一般的な呼称とそのものだけの個別の呼称があります。ここでは、そのような数え方の代表的なものを挙げます。

《広く用いる数え方》

〔一般的なもの〕……一つ・一個　など
〔動物〕獣類……一頭・一匹／鳥類……一羽・一匹／魚類……一尾・一匹　など
〔植物〕……一本・一枚・一葉・一輪　など
〔束ねたもの〕……一束・一把（ねぎ　など）
〔切ったもの〕……一切れ（ケーキ　など）
〔容器に入れたもの〕……一箱・一瓶・一折・一袋・一缶　など
〔着るもの〕……一着・一本・一枚　など

「強力粉」

お隣同士の若い主婦の会話です。おかしなところを探しましょう。

問い

「手作りのパン、ごちそうさま。おいしかったわよ。」

「そう。お友だちにもらった酵母ときょうりょく粉を使うと、意外においしくできるのよ。」

「特別な酵母なんだ。いただける？」

答え

「強力な援軍」とか「強力に支持する」とかの「強力」は「きょうりょく」ですが、蛋白質《たんぱく》やグルテンが多く、粘り気の強い小麦粉である「強力粉」の「強力」は「きょうりき」です。また、重い荷物を山岳に担ぎ上げるしごとをする「強力」は「ごうりき」です。漢字は同じなのに、読みは異なります。「強」のキョウは漢音（＝漢字音の一つで、中国の長安を中心に行われた音が奈良時代以降日本に伝わったもの）、ゴウは呉音（＝漢字音の一つで、古代中国の南方の音が日本に伝わったもの）です。「力」のリョクは漢音、リキは呉音です。漢音＋漢音のキョウリョク、呉音＋呉音のゴウリキはすなおですが、漢音＋呉音のキョウリキは風変わりです。また、「強力粉」に対するのは「薄力粉」。強弱でも厚薄でもないのですから、これも風変わりです。

日本語の楽しさ４

【物の数え方②】

《個々の数え方》（特殊なもの）

・うどん　一玉　・米　一俵　・酒　一献《こん》
・砂糖／塩　一さじ　・たらこ　一腹
・だんご　一串　・豆腐　一丁
・海苔　一帖《じょう》　・ぶどう　一房
・もりそば　一枚　・ようかん　一棹《さお》
・いか　一杯　・椅子　一脚　・鏡　一面
・たんす　一本／一棹　・囲碁　一局／一目
・将棋　一局／一手　・相撲　一番
・短歌／和歌　一首　・俳句　一句
・小説　一編　・カップ　一客　・箸　一膳
・帯　一本　・蚊帳　一張り　・袈裟　一領
・靴下　一足　・絵画　一幅
・家　一戸／一軒／一棟　・土地　一筆
・おの　一挺《ちょう》　・汽車　一両
・飛行機　一機　・舟　一艘《そう》
・書類／手紙　一通　・巻物　一巻

#「姑息」

通勤電車の中でのサラリーマンの会話です。おかしなところを探しましょう。

問い

「賞味期限切れの商品のシールを貼り替えて売り場に出すなんて姑息《こそく》な手段をとっていいんですかね。」

「そりゃまずいだろ。でも、会社としては、窮余の一策なんじゃないか。」

「姑息な手段でなく、その場しのぎの一策ですか。」

答え

「姑息」の「姑」は「しばらく」、「息」は「やすむ」。「姑息」は「しばらくやすむ」ということ、《根本的な処置をせず、一時的に体裁をつくろうようす》です。ですから、「姑息な手段でなく、その場しのぎの一策」と言っているのは、妙です。まさに《その場しのぎ》が「姑息な手段」なのですから。

意外に多くの人々が、「姑息な手段」とは「卑劣なやりかた」だと思っているようです。人として許されない、人道に反する卑劣なようすを「姑息」だと思っている。「こそく」という音のために、こそこそ隠れてやるという連想が働くのでしょうか。ことば遊びとしてはおもしろいのですが、明らかな誤解です。

日本語の楽しさ5

【和製英語①】

和製英語とは、日本で、英単語を組み合わせて英語らしくつくった語。また、本来の英語の意味から離れて、日本独自の意味で使われている語をいうこともあります。

ここでは、和製英語と、英語以外の外国語からつくった語を挙げ、外国での言いかたも記します。

例

アフターサービス― after-sales service
アルバイト―ドイツ語 Arbeit　から
インコース― inside
オーダーメイド― made-to-order
オープンカー― convertible
ガソリンスタンド― gas station

（②に続く）

#「しかつめらしい」

問い

電車の中での女子高校生の会話です。おかしなところを探しましょう。

「ほら、見て！」

「あ、先輩ね。」

「そ。上級生にはちゃんと挨拶しなさい！　なんて、しかめっつらしいことを言うくせに、目の前にお年よりがいても、知らん顔で座っているじゃない。」

答え

「しかめっ面」からの連想でしょうか。「しかめっつらしい」には、耳を疑いました。明らかに、「しかつめらしい」の間違いです。現代語にすると、「きっとそうあらねばならぬというようなようすだ」にあたる「しかつべからし」がもとの形と考えられる「しかつめらしい」。「鹿爪らしい」などと漢字をあてたりもします。《堅苦しく形式ばっている、いかにももっともらしい、緊張させられる感じだ》ということです。「しかつめらしい訓示」「しかつめらしく説教する」「彼の言動はしかつめらしかった」などと用います。

日本語の楽しさ6

【和製英語②】

キーホルダー― key ring
コインランドリー― Laundromat
ゴールデンタイム― prime time
サービスエリア― rest stop
サイドブレーキ ― parking brake・hand brake
サラリーマン・OL ― office worker
スタメン― starter
ダンプカー dump truck
ダンボール― card board
ノートパソコン― laptop computer
バイク― motor cycle
バックミラー― rearview mirror
プリン― custard pudding
ロスタイム― injury time・additional time

「乳離れ」

公民館の談話室での年輩の男性の会話です。おかしなところを探しましょう。

問い

「大学生の入学式にまで母親が一緒というのは、驚きますなあ。」

「大学生になっても、まだ、ちち離れができていないのでしょうな。」

「なるほど。母親も子離れができていないのかもしれませんな。」

答え

「乳色・乳牛・乳臭い・乳繰る」などの「乳」は「ちち」なので、「乳離れ」も「ちちばなれ」だと思っているのでしょう。ところが実は、「乳首・乳房・乳飲み子」などの「乳」は「ち」です。「乳離れ」は、こちらの「ち」なのです。

古くからある語は「ち〜」でした。「ちち〜」のほうは、新しい語です。哺乳瓶の「乳首」なども、最近では「ちちくび」と言われるようになりました。

なお、「乳色《ちちいろ》」や「乳牛《ちちうし》」は詩や短歌に用いられましたが、今では、「乳白色」や「にゅうぎゅう」のほうが耳に親しいかもしれません。

日本語の楽しさ7

【六曜】

六曜とは、陰暦で日と時刻の吉凶を占う基準となる六つの星。現在は、**先勝**（せんしょう・せんかち）、**友引**（ともびき）、**先負**（せんぷ・せんまけ）、**仏滅**（ぶつめつ）、**大安**（たいあん、だいあん）、**赤口**（しゃっく、しゃっこう、せきぐち）の六種があります。

ここでは、その意味を解説します。

・先勝—何事も早い時間にすれば吉の日。
・友引—友を引くので、葬式などを忌む日。
・先負—訴訟や急用を凶とする日。
・仏滅—万事に不吉であるとする日。
・大安—旅行・結婚式・引越しなど何をするにもよいとされる日。
・赤口—正午のみ吉で、万事が凶とする日。

「続柄」

市役所での年輩の女性と若者の会話です。おかしなところを探しましょう。

「おばあちゃん、ここには何を書くの？」

問い

「どこ？　ああ、ぞくがらね。タッ君は長男でしょ。」

「そう。お姉ちゃんと妹がいるけど、男はぼくだけ。」

答え

「続柄」の読みです。音で読むと「ゾクヘイ」、訓で読むと「つづきがら」。音と訓とで読むと「ゾクがら」、訓と音とで読むと「つづきヘイ」。このうち、訓読みの「つづきがら」がふつうに用いられます。音と訓の「ゾクがら」もよく耳にすることがありますが、「つづきがら」として身につけている人からすると、誤りではないかと思われますので、避けるほうが無難です。親族としてのつながりかたなので、「つづきあい」とも言います。なお、年輩の方は、新聞小説のような連載ものを「つづきもの」と言います。

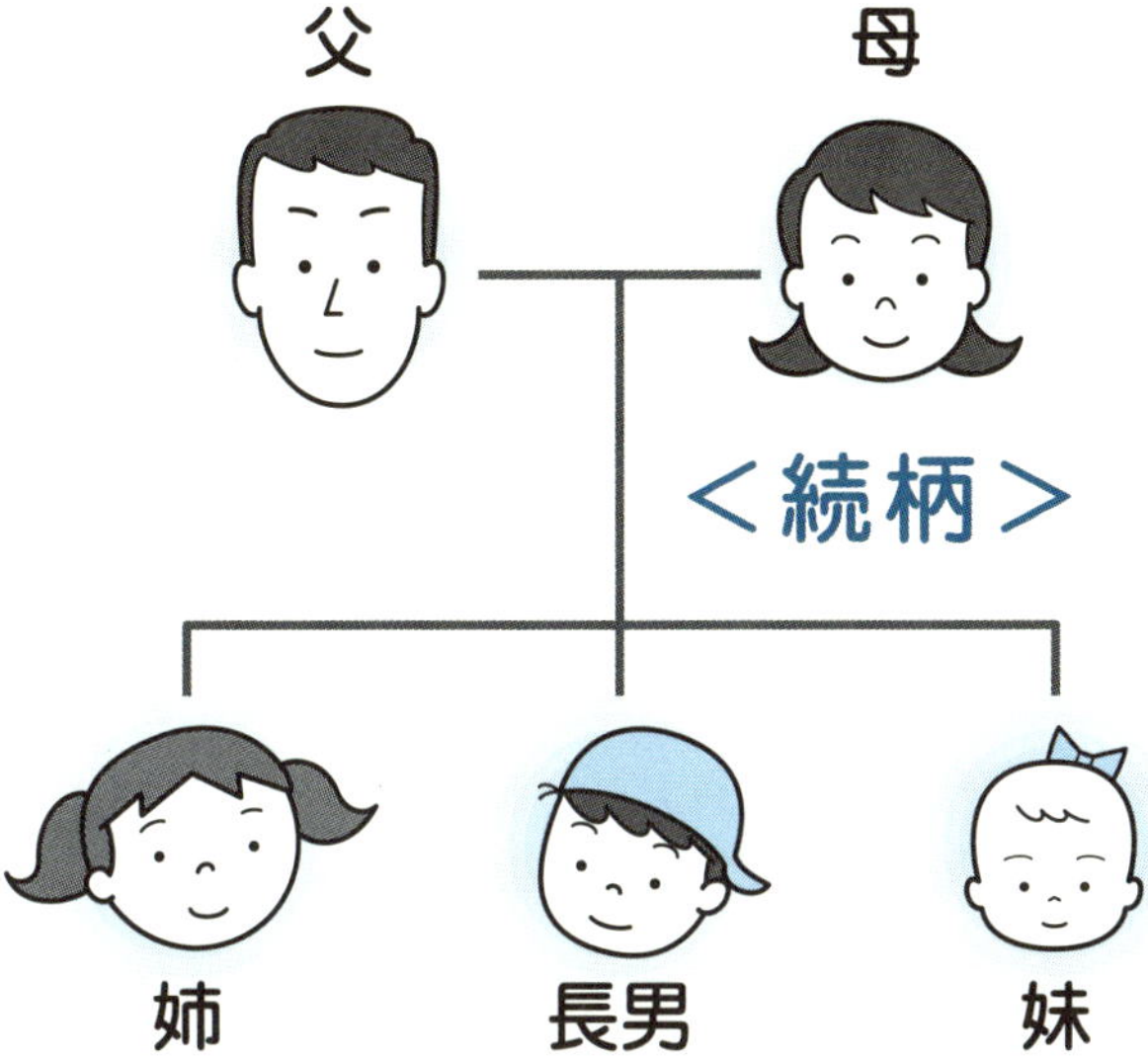

日本語の楽しさ 8

【手紙に書く時候の挨拶①】

手紙文は、冒頭「謹啓・拝啓」などで始め、最初の文で時候の挨拶を書き、さらに「ますますご健勝のこととお慶び申し上げます」など安否の挨拶を続けます。

時候の挨拶は、季節感のある文章であればいいのですが、決まった言葉もあります。

一月（睦月《むつき》）　初春の候　新春の候　迎春のみぎり　大寒の折　新春を寿ぎ　寒さ厳しき折から…　早いものでもう松の内も過ぎ…　例年になく雪の多い新年でございますが…

二月（如月《きさらぎ》）　立春の候　余寒の候　節分のみぎり　春寒の折　立春とは名ばかりの寒さで…　寒さの中にも春の足音が聞こえて…　梅の便りも聞こえる今日この頃…

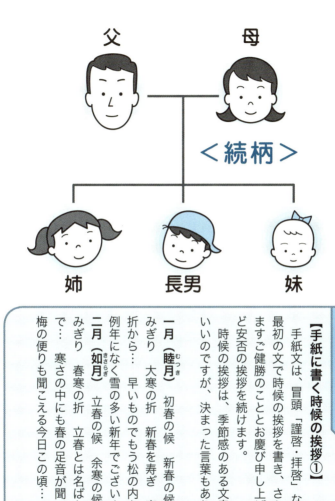

「農作物」

問い

お隣同士の若い主婦の会話です。おかしなところを探しましょう。

「台風一過で、よいお天気になりましたわね。」

「ほんと。洗濯日和よね。でも、実家のほうは大変だったの。農さくもつに水がついて。」

「そうなの。お気の毒に。お米は刈りいれ間近でしたものね。」

答え

田畑を耕して、穀物や野菜などを栽培するのが「農作」で、その農作によって取れるものが「農作物」です。「農作物」は、ふつう「のうさくぶつ」と言われます。「遺失物・飲食物・営造物・海産物・化合物・可燃物・刊行物・夾雑《きょうざつ》物・建造物・混合物・酸化物・出版物・水産物・代替物・著作物・排泄《はいせつ》物・不純物・不燃物・分泌物・埋蔵物・無機物」など、「○○物」という組立ての語の一つです。

田畑から取れる穀物や野菜を「作物」とも言います。この「作物」は、「さくぶつ」でなく、「さくもつ」です。このような「さくもつ」があるので、最近では「のうさくもつ」と言う人もいるようです。穀物や野菜でなく、絵画や彫刻などの美術作品、詩歌や小説などの文芸作品などは「さくぶつ」です。

日本語の楽しさ 9

【手紙に書く時候の挨拶②】

三月（弥生《やよい》）　早春の候　春陽の候　浅春のみぎり　水ぬるむ折　桜のつぼみもふくらみはじめ…　ひと雨ごとに暖かくなり…　暑さ寒さも彼岸までと申しますが…

四月（卯月《うづき》）　陽春の候　春暖の候　花冷えの折　春たけなわの今日このごろ…　花の盛りもいつしか過ぎ…　春光うららかな時節となり…　春陽麗和の好季節…

五月（皐月《さつき》）　新緑の候　薫風の候　晩春のみぎり　暮春の折　風薫る五月となり…　青葉若葉が目にまぶしい季節になり…　若葉萌えるさわやかな季節…

六月（水無月《みなづき》）　入梅の候　立夏の候　向暑のみぎり　梅雨寒の折　紫陽花も色美しく…　毎日うっとうしい雨空が続いております…

「役不足」

職場帰りの飲み屋でのサラリーマンの会話です。おかしなところを探しましょう。

問い

「係長昇進、おめでとう。」
「ありがとうございます。課長のご指導のお陰です。まだまだ役不足ですから、頑張ります。」
「それはすごい。頼もしいね。ますます頑張ってくれたまえ。」

答え

係長に昇進した会社員の言っている「役不足」は「力不足」の言い誤りです。ご当人は、係長という役職にふさわしい力量が自分にはないと言いたいのです。お相手の課長さんは、《与えられた役が自分の力量には軽すぎるから不満足だ》という「役不足」の本来の意味で受け取ったので「それはすごい」と応じているのでしょう。

このような誤解がどうして生ずるかというと、「役不足」を「役に力が不足」と受け止めてしまうからです。正しくは、「役が自分に不足」なのです。「力不足」も、「力が自分に不足」です。

日本語の楽しさ10

【手紙に書く時候の挨拶③】

七月（文月《ふみづき》）　梅雨明けの候　酷暑の候　大暑の候　盛夏のみぎり　暑さ厳しき折…　毎日猛暑が続いておりますが…　七夕も過ぎ暑さひとしおの…

八月（葉月《はづき》）　立秋の候　晩夏の候　残暑厳しき折　納涼のみぎり　朝夕は涼しさも感じられ幾分過ごしやすく…　暦の上では立秋といえ厳しい暑さが続き…

九月（長月《ながつき》）　初秋の候　清涼の候　爽秋の候　秋冷のみぎり　暑さもようやく和らぎしのぎやすく…　秋の夜長に虫の音が澄みわたる今日このごろ…

「足元がすくわれる」？

問い

大雨による浸水地区からの実況中継放送です。おかしなところを探しましょう。

「河川が氾濫して、市街地に大量の水が激しい勢いで流れ込んでいます。救いを求める人のところに、消防団員が二人一組で向かっていますが、流れが速く、足元がすくわれて危険な状況です。」

答え

遠浅の砂浜の海で遊んでいるときなど、足元の砂が波にさらわれることがあります。そんなときには、倒れそうになって「足元がすくわれる」ように感じるのでしょうか。浸水地区の道路を歩いているときに水の流れにすくわれるのは、足元の地面ではありません。「すくわれる」のは「足」です。「足がすくわれる」と言うのが適切です。

立っている足のくるぶしから下の部分、または、立っている足の地面に接しているあたりが「足元」です。「足元から鳥が立つ」「足元に付け込む」「足元に火がつく」「足元の明るいうち」などの慣用句に用いられています。

日本語の楽しさ11

【手紙に書く時候の挨拶④】

十月（神無月《かんなづき》）　秋冷の候　秋涼の候　錦秋のみぎり　灯火親しむ候　実りの秋を迎え…　朝夕めっきり涼しくなり…　秋晴れのすがすがしい日が続いて…

十一月（霜月《しもづき》）　晩秋の候　紅葉の候　暮秋の候　向寒のみぎり　朝夕めっきり冷え込む季節となり…　紅葉の美しさが目にしみる今日このごろ…　日に日に秋が深まり…

十二月（師走《しわす》）　初冬の候　歳末の候　寒気厳しき折　本年も押し迫ってまいりましたが…　本格的な冬の到来です…　今年もあとわずかとなりました…

「上を下への大騒ぎ」

問い

電車の中での高校生の会話です。おかしなところを探しましょう。

「体育祭のあとの打ち上げ、どうだった?」

「それが女子高と一緒になったから、上へ下への大騒ぎ。」

「へえ、バイトで出られなくて、惜しいことしたな。」

答え

「右往左往」が右へ行ったり左へ行ったりの混乱状態なので、上へ行ったり下へ行ったりの混乱状態を言う「上へ下への大騒ぎ」だと思ってしまったのでしょうか。理屈はあっているようですが、古くから用いられている慣用句は「上を下へ」です。上にあるはずのものを下へ運んで下に置き、下にあるはずのものを上へ運んで上に置くという混乱状態だというのです。なお、「上を下に」であれば、上に置くべきものを下に置き、下に置くべきものを上に置く混乱状態ということになるのですが、「上を下へ」であることに留意したいところです。「下へ」であるから、「運ぶ」という動きが強調されることになります。

日本語の楽しさ12

【難読漢字①動物】　＊読みは片仮名で示しました。

・海豹　アザラシ　・海驢　アシカ
・家鴨　アヒル　・虻　アブ
・信天翁　アホウドリ　・烏賊　イカ
・鼬　イタチ　・海豚　イルカ　・海胆　ウニ
・鸚鵡　オウム　・蟷螂　カマキリ
・獺　カワウソ　・翡翠　カワセミ
・啄木鳥　キツツキ　・蟋蟀　キリギリス・コオロギ
・水鶏　クイナ　・螻蛄　ケラ　・蝙蝠　コウモリ
・沙蚕　ゴカイ　・蠍　サソリ　・蜆　シジミ
・四十雀　シジュウカラ　・軍鶏　シャモ
・儒艮　ジュゴン　・虱　シラミ　・鼈　スッポン
・海象　セイウチ　・田螺　タニシ　・鶫　ツグミ
・恙虫　ツツガムシ　・貂　テン　・朱鷺　トキ
・鳶　トビ　・蜻蛉　トンボ　・雲雀　ヒバリ
・不如帰　ホトトギス　・土竜　モグラ
・百舌　モズ　・栗鼠　リス

「念頭に置く」

問い

建築現場での会話です。おかしなところを探しましょう。

「佐藤君、ここから見ると、足場の踏み板が一枚はずれているよ。」

「ありがとうございます。気がつきませんでした。」

「とにかく、安全第一。よくよく念頭に入れて、事故にならないように。」

答え

こころ、考え、胸のうちの意の「念頭」。「{こころ／考え／胸のうち}に入れる」と言えるので、「念頭に入れる」と言いがちですが、慣用句として用いられるのは、「念頭に置く」です。「父の遺言を念頭に置いて、慎重にことにあたる」などと用います。「母の注意がいつも念頭にある」「疲れていたのか、約束の日時が念頭に無かった」などと用いることもあります。なお、国語辞典によっては「念頭に入れる」を「念頭」の用法の一つとして掲げてあるものもあります。

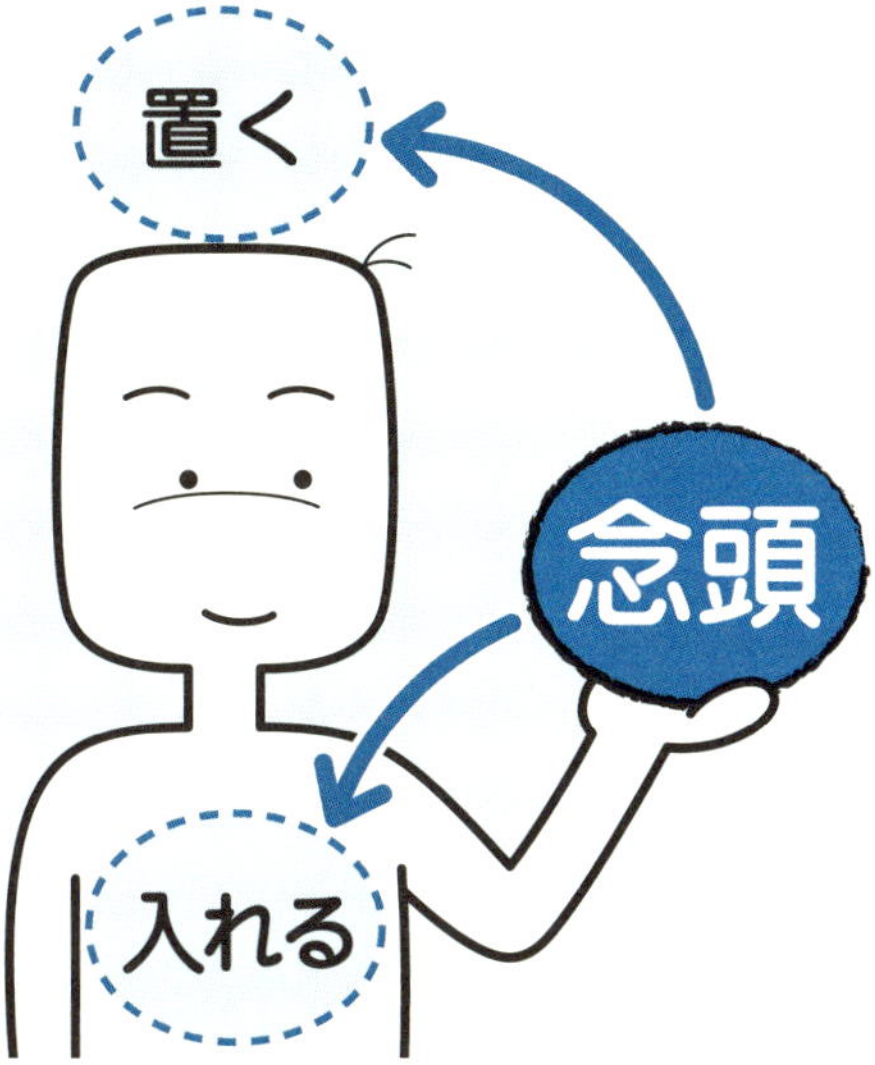

日本語の楽しさ13

【難読漢字②魚】 ＊読みは片仮名で示しました。

・鮎魚女（鮎並）　アイナメ　・鰺　アジ
・鮎（香魚・年魚）　アユ　・鰯　イワシ
・岩魚　イワナ　・鰻　ウナギ　・虎魚　オコゼ
・鰍　カジカ　・鰹（松魚）　カツオ
・梭魚　カマス　・鰈　カレイ　・鱚　キス
・鯉　コイ　・鯒　コチ　・鮴　ゴリ　・鮭　サケ
・鯖　サバ　・鮫　サメ　・鰆　サワラ
・秋刀魚　サンマ　・柳葉魚　シシャモ
・鯛　タイ　・鱈　タラ　・泥鰌　ドジョウ
・鯰　ナマズ　・鰊　ニシン　・鯊　ハゼ
・鰰　ハタハタ　・鱧　ハモ　・鮃　ヒラメ
・鱶　フカ　・河豚　フグ　・鮒　フナ
・鰤　ブリ　・鯔（鰡）　ボラ　・鮪　マグロ
・鱒　マス　・翻車魚　マンボウ　・眼張　メバル
・山女　ヤマメ　・公魚　ワカサギ

「身を粉にする」

通勤電車の中でのサラリーマンの会話です。おかしなところを探しましょう。

「根本さん、出向なんだって？」

問い

「そう。子会社にね。」

「身をこなにして働いてきた人なのに、気の毒だね。」

答え

『讃岐典侍日記《さぬきのすけにっき》』や『徒然草《つれづれぐさ》』にも出てくる童謡で、米をふるいでふるった粉のようなので、「ふれふれこゆき」と歌われた「粉雪」も、現代では「こなゆき」と歌われていますから、「身を粉にして」の「粉」も「こな」と間違えたのでしょう。古くからの読みは「こ」です。「干し柿が粉をふく」の場合も「こ」です。また、「洗い粉・うどん粉・片栗粉・カレー粉・黄な粉・小麦粉・汁粉・そば粉・砥《と》の粉・薄力粉・火の粉・メリケン粉」など、「○粉」や「○の粉」の場合も多く「こ」と言います。「粉白粉《おしろい》・粉砂糖・粉炭・粉石けん・粉チーズ・粉茶・粉ミルク」など、新しく生まれる語は「こな」が多く用いられます。最初が「粉」の場合は「こな」、最後が「粉」だと「こ」、単独はどちらも使われます。

日本語の楽しさ14

【難読漢字③植物】　＊読みは片仮名で示しました。

・扁桃　アーモンド　・通草　アケビ
・翌檜　アスナロ　・馬酔木　アセビ（アシビ）
・無花果　イチジク　・独活　ウド
・車前草　オオバコ　・女郎花　オミナエシ
・杜若　カキツバタ　・南瓜　カボチャ
・胡瓜　キュウリ　・梔子　クチナシ
・胡桃　クルミ　・芥子　ケシ
・秋桜　コスモス　・石榴　ザクロ
・大角豆　ササゲ　・山茶花　サザンカ
・仙人掌　サボテン　・百日紅　サルスベリ
・羊歯　シダ　・棕櫚　シュロ
・西瓜　スイカ　・菫　スミレ
・薇　ゼンマイ　・筍　タケノコ
・蓼　タデ　・蒲公英　タンポポ
・土筆　ツクシ　・躑躅　ツツジ
・満天星　ドウダンツツジ　・団栗　ドングリ
・撫子　ナデシコ　・大蒜　ニンニク
・向日葵　ヒマワリ　・山葵　ワサビ

「目端が利く」

問い

商店主同士の会話です。おかしなところを探しましょう。

「このところ、景気がよくないですね。」

「そう。値上がりばかりで、給料は上がらないから、財布の紐《ひも》が堅いんだよ。」

「でも、木村さんとこは、伸びてるようですよ。」

「そう。彼は、目鼻が利くから、うまく立ち回ってるんだね。」

答え

目も鼻もよく利くので、景気がよくなくても、業績を上げているということなのでしょうか。これでは猟犬扱いにしたような感じがします。《よく気がまわる、機転が利く》という意味での慣用句は「目端《めはし》が利く」です。《目の端でとらえて抜け目なく見る》ということです。「目鼻」は「目鼻が整っている」「目鼻立ちがよい」など《顔立ち》の意味に、また、「目鼻がつく」「目鼻をつける」など《結末》の意味に用いられます。先を見通すことのできるのが「目先《めさき》が利く」ですが、目先にとらわれ、目先の利益を追うのは、好まれません。「長い目で見る」ことが求められます。

日本語の楽しさ15

【難読漢字④　一般・外国名】

一般

・灰汁　あく　・欠伸　あくび　・胡坐　あぐら
・鼾　いびき　・剃刀　かみそり　・嚔　くしゃみ
・鏝　こて　・瘤　こぶ　・雀斑　そばかす
・三和土　たたき　・梃子　てこ
・心太　ところてん　・黴菌　ばいきん
・吃驚　びっくり　・雪洞　ぼんぼり
・木乃伊　ミイラ　・莫大小　メリヤス

外国名

・愛斯蘭　アイスランド　・愛蘭　アイルランド
・亜爾然丁　アルゼンチン　・英吉利　イギリス
・埃及　エジプト　・濠太剌利　オーストラリア
・墺太利　オーストリア　・牙買加　ジャマイカ
・瑞西　スイス　・瑞典　スウェーデン
・西班牙　スペイン　・丁抹　デンマーク
・伯剌西爾　ブラジル　・葡萄牙　ポルトガル

コラム3　繰り返し符号

「々」は読める？

問い　中学生になったばかりの娘が「人々」や「木々」の「々」はどう読むのかと言います。上の字と同じという記号だから、「人々」は「びと」、「木々」は「ぎ」と読むと答えましたが、「々」だけの読み方はありますか。

答え　たしかに、上の字の繰り返しの記号ですから単独では読めないのですが、一般には繰り返し符号をまとめて「躍り字」、「々」は「同の字点」「ノマ」などと言います。

解説　平仮名一字の清音の繰り返し記号「ゝ」、平仮名一字の濁音の繰り返し記号「ゞ」、漢字一字の繰り返し記号「々」は、どれも「二」から変化したものと言われます。

仮名二字の繰り返し記号「〱」「〲」は、例えば、「快哉快哉」を「快〻哉〻」、「万歳万歳」を「万〻歳〻」と表した「○〻○〻」の「二二」を続け書きにしたものからできました。「快哉」「万歳」と書き、それぞれの字の左下に小さく「二二」を書き込んだので、線が続いて「く」のようになりました。

符号	名称	例
々	同の字点	日々　我々（漢字一字）
〻 〻	二の字点	草〻　各〻（漢字一字）
ゝ	一つ点	ちゝ　ほゞ（仮名一字）
〱	くの字点	いよ〱　ひらり〱（二字以上の仮名） 散り〲　代わる〲（仮名交じり語句）
〃	ノノ点	九月二十一日町議会議員選挙告示 九月二十六日　〃　投票 （簿記・表組み・文章など）

第4章

どう違う？ 似た語の使い分け

「生きかた」と「生きざま」

問い

「前社長の生きざまに学んで、率先垂範、先頭に立って励む覚悟です。」との新社長の挨拶がありました。「生きざま」が気になりました。「生きかた」と「生きざま」は、どう使い分けますか。

答え

国語辞典を見てみましょう。

『広辞苑　第六版』

いき・かた【生き方】①生きる方法。生活の方法。②（正しくは「行き方」か）人生に処する態度・方法。

いき・ざま【生き様】（「死に様」の類推から生まれた語）自分の過ごして来たぶざまな生き方。転じて、人の生き方。「すさまじい—」

『新明解国語辞典　第七版』（片仮名による割りルビは振り仮名に改めて引きます。）

いき かた【生(き)方】㈠生活のやり方。「安易な—」㈡その人の人生観に基づく、生活・行動の方法。

いき ざま【生きざま】その人の、人間性をまざまざと示した生活態度。〔「ざま」は「様」

の連濁現象によるもので、元来濁音の「ざまを見ろ」の「ざま」とは意味が違い、悪い寓《ぐう》意《い》は全く無い」

『広辞苑』の「自分の過ごして来たぶざまな生き方」とある点が注目されます。『新明解』の〔　　〕内の記述は、『広辞苑』などの語釈を意識してのものでしょう。「死に様」の類推とする点には触れず、「悪い寓意は全く無い」と断言している点に、この辞書の編者の主張が感じられます。

広く「生きざま」の語が用いられるようになったのは、一九六四年の東京オリンピックで金メダルを獲得した女子バレーの監督であった大松博文の『おれについてこい！　―わたしの勝負根性』〈一九六三年、講談社〉以来です。ぶざまにも見える前向きで壮絶な自分の生き方を「生きざま」と言ったのです。

時代とともに変化する語の意味ですから、自分以外の人の「生き方」についても「生きざま」と言えるのでしょうが、違和感があると感じる人の存在することも事実です。身内以外の第三者については「生きざま」と言うのは、避けるほうが無難かもしれません。

「霞《かすみ》」と「霧」

問い

俳句をたしなむ友人が「霞」は春の季語、「霧」は秋の季語だから、使い分けるのだと言います。春は霞、秋は霧と使い分けられますか。

答え

『小倉百人一首』にはこんな歌があり、このころまでには、霞は春、霧は秋という意識が確立していたのでしょう。

例　高砂《たかさご》の尾上《をのへ》の桜咲きにけり外山《とやま》の霞立たずもあらなむ　〈権中納言匡房《まさふさ》〉

訳　高い山の峰のあたりの桜が咲いたなあ。人里に近い山の霞よ、桜が見えなくなるから、立ちこめないでいてほしい。

例　村雨《むらさめ》の露《つゆ》もまだひぬ槇《まき》の葉に霧立ちのぼる秋の夕暮れ　〈寂蓮《じゃくれん》法師〉

訳　にわか雨の露もまだかわかない杉や檜《ひのき》などの常緑の木々の葉に、霧が立ちのぼる秋の夕暮れよ。

『万葉集』の時代には、次のように詠まれました。

例　秋の田の穂の上《へ》に霧《き》らふ朝霞いつへの方《かた》に我《あ》が恋止まむ　〈万葉集・巻二 - 八八〉

訳　秋の田の稲穂の上に立ちこめている朝霞が晴れるように、いつになったら私の恋は晴れるのだろう。

例　春山の霧に迷《まと》へる鶯《うぐひす》も我《あれ》にまさりて物思《も》はめやも　〈同・巻十‐一八九二〉

訳　春山の霧に閉じ込められ道がわからなくなっている鶯も、私以上に思い悩んでいるのだろうか。

このように『万葉集』の時代には、秋の霞、春の霧であっても、おかしくはなかったのでしょう。

ところで、季節によって言い換えられるものに、和菓子の「おはぎ」と「ぼたもち」があります。もち米またはうるち米を軽く搗《つ》いて、小豆餡《あん》をまぶした食品がお彼岸に仏前に供えられました。春のお彼岸には、咲き誇る牡丹《ぼたん》の花の色を思わせるので「牡丹餅」と、秋のお彼岸には、咲き乱れる萩の花の色を思わせるので「萩の餅」と呼ばれました。

今日の「おはぎ」は、黄な粉や黒ごまをまぶしたものもあって、萩の花色とは異なります。名が体を表さずに進化しているようです。

「気分」と「気持ち」

問い

「山頂を極めていい気分です。」とも「山頂を極めていい気持ちです。」とも言いますが、「気分」と「気持ち」は、どう使い分けますか。

答え

大胆に割り切ると、「気分」は、爽快《そうかい》・愉楽・憂鬱・悲哀など《持続する気持ち》を言い、「気持ち」は、喜怒哀楽など《時に応じて変化する感情》を言います。

ところが、最近では、置き換えて用いることが多くなっていて、使い分けにくいのです。

用例で確かめてみましょう。＊のついた語は、用いられないものです。

①懸案の仕事を終えて、｛気分／気持ち｝よく帰途につきました。
②このところスランプで、｛気分／気持ち｝が乗りません。
③彼は｛気分／＊気持ち｝屋ですから、あてになりませんよ。
④｛気分／＊気持ち｝転換に、少し歩きますか。
⑤いつまでも学生｛気分／＊気持ち｝では、困ります。
⑥どうも｛＊気分／気持ち｝が揺れているようです。

⑦恐れ入りますが、〔＊気分／気持ち〕右にお寄り願えますか。

③は「気分屋」、④は「気分転換」、⑤は「学生気分」で一まとまりになる語です。⑥は、「気持ちが〔揺れる／ぐらつく／動揺する〕」という慣用表現、⑦は、「気持ち」が「ほんの少し」の意になる副詞用法です。これらは、一方が言えないのですから、明確に使い分けられますが、混同して用いられるようにもなってきて、使い分けにくくなりました。

これまで、「気分的」「気分一新」なども一まとまりの語でしたが、「気持ち的に参加したくないなあ。」「気持ち的にゆるせないのよ。」などと言うようになりました。また、「気分を害する」「気分がすぐれない」などの慣用表現も「気持ちを害された。」「気持ちがすぐれない。」などと「気持ち」で置き換えられることがあります。

逆に、「引き締める」のは、「気持ち」でしたが、最近では、「気分を引き締める」とも言われるようになっています。

このように混同して用いられている現状では、使い分けるのが困難ですが、強いて使い分けるとすれば、《一時の感情》を「気持ち」で、《持続する気持ち》を「気分」で表すように意識するのがいいでしょう。

「きり」と「もや」

問い 気象情報では、春霞《はるがすみ》の季節であっても、「霞」という語は使わないで、「もや」または「きり」と言うようです。「きり」と「もや」は、どう使い分けますか。

答え そうです、気象用語には「霞」はありません。春だろうと秋だろうと、「もや」と「きり」です。

もや　水平視程が一〇〇〇メートル以上。
きり　水平視程が一〇〇〇メートル未満。

目の高さと同じ高さでまっすぐに見て一〇〇〇メートル以上見通せるなら、「もや」、一〇〇〇メートル未満しか見通せないなら、「きり」です。「もや」は薄く、「きり」は濃いのですね。

なお、「もや」は、古い物語や和歌などには見られません。イエズス会の宣教師が編集した『日葡《にっぽ》辞書』〈一六〇三年、長崎学林〉にはあります。『邦訳日葡辞書』〈一九八〇年、岩波書店〉で引きます（原文、横書き）。「一種の霧」という説明がおもしろいですね。
◯Moya.　モヤ（靄）　湿気を含み、雨を催す一種の霧。例、Moyaga vorita.（靄が下りた）このような霧が下りた、あるいは、かかった。

秋には、数メートルしか見通せないほどの「きり」の立ち込めることがあります。「濃霧」です。「ガスがかかる」と言うこともあります。霧笛が鳴り響き、自動車が点灯してののろ運転になるという光景が見られたりします。

ところで、気象用語では、「台風」と「熱帯低気圧」も言い分けられています。「台風が熱帯低気圧になりました。」との報道に、台風がなくなったと思い込んで、登山を強行し、遭難するなどという悲劇が起こりがちです。

台　　風　中心付近の風速が毎秒一七・二メートル以上の熱帯低気圧。
熱帯低気圧　中心付近の風速が毎秒一七・二メートル未満の熱帯付近で発生する低気圧。

風が弱まったというだけのことで、「なくなった」わけではありません。暴風雨の「雨」については、触れられていないことに留意しなければなりません。

「厳父」と「岳父」

問い

年末に喪中のはがきが届きました。「九月に岳父が八十二歳で亡くなりました。」とあります。「岳父」と「厳父」は、どう使い分けますか。

答え

父がついていて似てはいますが、全く別の語です。その方の父親が「厳父」、その方の夫人の父親が「岳父」です。「妻の父」と書けばよいのですが、形式ばった挨拶状なので、「岳父」を用いたのでしょう。最近ではほとんど目にすることのない語です。ついでながら、「妻の母」は「丈《じょう》母《ぼ》」です。これも、今日ではほとんど使われません。

丈母
＝——妻
岳父　＝
母
＝——夫（自分）
父

実父・実母に対する義父・義母。厳父に対する慈母・賢母。尊敬する存在の、きびしい父親が厳父であり、敬愛する存在の、いつくしみのある母親が慈母、かしこい母が賢母ですから、自分の父母だけでなく、他人の父母についても「ご厳父・ご慈母・ご賢母」の形で用いることができます。最近では「ご慈母・ご賢母」よりも「ご母堂」を用いることが多いようです。なお、「母堂」に対する父のほうの語はありません。

なお、父母の兄弟で、兄にあたるのは「伯父」、弟にあたるのは「叔父」です。また、父母の姉妹で、姉にあたるのは「伯母」、妹にあたるのは「叔母」です。どちらも「おじ」「おば」ですが、漢字で書くときには、書き分けます。

父母の兄弟姉妹の子は、「いとこ」で、その子どもは、男が「甥《おい》」、女が「姪《めい》」です。「いとこ」を漢字で書くときには、「従兄弟」「従姉妹」、個々には「従兄」「従弟」「従姉」「従妹」と書き分けます。

兄・姉（伯父・伯母）―いとこ（甥・姪）
父・母―自分
弟・妹（叔父・叔母）―いとこ（甥・姪）

「暑中見舞」と「残暑見舞」

問い 激しい暑さの続く八月十日過ぎ、「暑中見舞」と「残暑見舞」の便りが同時に届きました。「暑中」と「残暑」は、どう使い分けますか。

答え その年によって少しずれることがありますが、八月八日ごろが二十四節気の立秋です。立秋の前の十八日間が夏の土用で「暑中」、立秋からはどんなに暑くても「残暑」です。

立秋の前に投函するのであれば、「暑中見舞」になりますが、立秋を迎えたら、「残暑見舞」ということになります。

夏の土用の丑の日には、ウナギが賞味されます。

例 石麻呂《いしまろ》に我物申す夏痩せに良しといふものそ鰻《むなぎ》捕り喫《め》せ

〈万葉集・巻十六・三八五三〉

訳 石麻呂さんに私は申し上げる。夏痩せによく効くといいますよ。ウナギを捕ってめしあがれ。

大伴家持が痩せた人をからかってこう言っています。奈良時代のころから、暑さで食欲が減退する夏には、ウナギがもてはやされたようです。家持さんにこう言われて、じゃあウナギでも捕りに……と思った石麻呂さんに追い討ち。

例　痩す痩すも生けらばあらむをはたやはた鰻を捕ると川に流るな

〈同・巻十六・三八五四〉

訳　どんなに痩せていても生きていられるならそれでよいでしょうに。もしかして、ウナギを捕ろうなんて思ったりして、川で流れなさんな。

土用の丑の日は、二度あることがあります。土用が十八日間。子《ね》丑《うし》寅《とら》卯《う》辰《たつ》巳《み》午《うま》未《ひつじ》申《さる》酉《とり》戌《いぬ》亥《い》の十二支は、文字通りの十二ですから、土用の初日が申酉戌亥子丑のどれかであれば、丑の日が二度めぐってきます。申酉戌亥子丑寅卯辰巳午未申酉戌亥子丑、……、丑寅卯辰巳午未申酉戌亥子丑寅卯辰巳午というわけです。寅卯辰巳午未が土用の初日の年は丑の日が一度です。寅卯辰巳午未申酉戌亥子丑寅卯辰巳午未、……、未申酉戌亥子丑寅卯辰巳午未申酉戌亥子ということです。

土用波・土用干し・土用休みなど、なにかと夏の土用が話題になりますが、立冬の前の十八日間が秋の土用、立春の前の十八日間が冬の土用、立夏の前の十八日間が春の土用です。

立春の前の十八日間の冬の土用、これが寒中で、もっとも寒い時期。ご機嫌伺いに訪問したり手紙を出したりの寒中見舞は、この十八日間に行います。

「大暑」と「盛夏」

問い

暑中見舞のはがきの文面の最後に、「大暑」または「盛夏」と書かれたものがあります。「大暑」と「盛夏」は、どう使い分けますか。

答え

大暑は二十四節気の一つです。

地球から見て、太陽が地球を中心に動くよう見える天球上の大きな円が黄道です。地球の赤道面を天球上に延長してできる天の赤道に対して二十三度半ほど傾いています。この傾きのために、交わることがないのですが、年に二度だけ、黄道と天の赤道が交わります。これが夜と昼の時間がほぼ同じになる春分の日と秋分の日です。

中国では、一年間を四季に分け、四季のそれぞれを六つに分けました。一年が四×六の二十四節気に分けられたのです。

春	立春	雨水	啓蟄《けいちつ》	春分	清明	穀雨
夏	立夏	小満	芒種《ぼうしゅ》	夏至	小暑	大暑
秋	立秋	処暑	白露	秋分	寒露	霜降

冬	立冬　小雪　大雪　冬至　小寒　大寒

表のように、二十四節気には、春分・秋分があり、大暑があります。年によってずれることがありますが、七月二十三日ごろが大暑です。この日から立秋までの期間がもっとも暑い時期とされています。

この「大暑」に対して「盛夏」は、「夏の盛り」ということで広く用いられます。また、「夏」を「初夏・仲夏・晩夏」の三つに分ける「仲夏」の代わりに用いることもあります。四季はそれぞれ三か月ずつですから、夏については、陰暦の四月が初夏、五月が仲夏、六月が晩夏であるとするあてはめかたもあります。陽暦では、一か月ほどずれて、五月が初夏、六月が仲夏、七月が晩夏であるということになりますか。

ところで、秋については、初・仲・晩をあてはめると、陰暦の七月が初秋、八月が仲秋、九月が晩秋ということになり、この仲秋の満月が八月十五夜の月です。だから、「仲秋の名月」でもよさそうですが、陰暦の「八月十五日」が秋という季節の真ん中「中秋」ですから、この日の夜の月が「中秋の名月＝芋《いも》名月」であるということになります。「中秋の名月」の一か月遅れが、陰暦「九月十三日」の夜の月、「のちの名月＝栗《くり》名月・豆名月」です。

「人」と「者」

問い

名刺を差し出すとき、「わたくし、こういうものでございます。」と言いますが、どうして、「人」ではなく「者」を使うのですか。「人」と「者」は、どう使い分けますか。

答え

これは、自分自身を「物」扱いにし、他者を「人」扱いにするという、古くからの日本語の伝統です。

①人のふり見てわがふり直せ

②人の頭の蠅《はえ》よりも己《おのれ》の頭の蠅を追え

ことわざとしてよく知られている文句です。①では「人の」と「わが」が対応し、②では「人」と「己」が対応しています。「人」とだけ言って自分以外の人、「他人」を意味しています。ついでながら、「他人事」は「ひとごと」と読みます。

③溺《おぼ》れる者は藁《わら》をも摑《つか》む

④一銭を笑う者は一銭に泣く

こちらもことわざとしてよく耳にする文句です。③は、「つかまって水の上に浮くことのできるしっかりした丸太がほしいのだが、溺れる者は、なんの頼りにもならない藁であってもつかもうとする」の意、④は、「小銭《こぜに》だからと一銭をばかにして粗末にする者は、その小銭の一銭がないために苦境に陥り泣くことになる」の意です。「者」は、「人」並みでない、憐れむべきもの、軽蔑すべきものとしてとらえられています。

自分自身を、血の通った「人」さまのような立派なものではなく、そのへんにころがっている石ころのようなありふれたものなのだと、「物」扱いにすることで、へりくだっているのが「わたくしは、こういう者でございます。」という挨拶です。

自分自身を卑屈に卑下する必要はないという考えかたもあります。それとは別に、最近は「あたし、朝によわい人だからア」「わたし、意外とファッションが気になる人なのよね」「ぼく、こだわる人なんです」「おれ、時間にはうるさい人なんだ」などという言い方が若い世代に好まれているという傾向もあり、それを快く思わない向きもあります。

初対面の挨拶などでは、伝統に従うほうが無難なのかもしれません。

「いろいろ」と「さまざま」

問い　「デパートにはいろいろな品物があふれています。」とも「さまざまな品物があふれています。」とも言います。「いろいろ」と「さまざま」は、どう使い分けますか。

答え　本来は、「いろいろ」は「色々」で《多くの色》、「さまざま」は「様々」で《多くのようす》を意味する別の語でした。原義を生かして使い分けるなら、「いろいろ」は《色とりどり》、「さまざま」は《対比されるあれこれ》ということになります。

上代の『万葉集』には、たった一例ですが、「いろいろ」の用例があります。

例　やすみしし　我《わ》が大君　秋の花　しが色々に　見《め》したまひ　明《あき》らめたまひ　酒《さか》みづき
栄ゆる今日の　あやに貴《たふと》き
〈万葉集・巻十九・四二五四〉

訳　わが大君が秋の花をその色とりどりにご覧になり、お心を晴らされ、酒盛りをしてにぎわう今日のまことにめでたいことよ。

一方、「さまざま」は、『万葉集』には、見られません。『伊勢物語』に見える一例が早い時期の用例です。

例　今までに忘れぬ人は世にもあらじおのが**さまざま**年の経ぬれば　〈伊勢物語・八六〉

訳　昔のことを今まで忘れない人は世間にもいないだろう。互いに別の人と結ばれたりしてそれぞれがそれぞれの疎遠な状態で年が経ってしまったのだから。

男は男の「さま」、女は女の「さま」ということでの「おのがさまざま」です。今日の「さまざま」と同じような《対比されるあれこれ。いろいろ》の意の用例ということになると、『枕草子』のころまで下ることになります。

例　一つ心に、をかしきことも、にくきことも、**さまざま**に言ひ合はせつべき人、必ず一人二人、あまたも誘はまほし。　〈枕草子・一一五〉

訳　気心も合い、おもしろいことも気にくわないことも、あれこれと話し合って感動を分かち合うことのできるような人を、必ず一人か二人、いや一人か二人ではなく、できることなら大勢でも誘いたい。

「すらすら」「ぺらぺら」、「話す」と「しゃべる」

問い

「彼はなんでもすらすら話せる。」とも「彼はなんでもぺらぺらしゃべる。」とも言います。「すらすら話す」と「ぺらぺらしゃべる」は、どう使い分けますか。

答え

結論から言うと、「すらすら話す」は、ほめることば、「ぺらぺらしゃべる」は、けなすことばということになりそうです。

○あの人は誰にでもぺらぺら話すから、気をつけたほうがいいわよ。
○こんな時間までぺらぺら話しているのではありません。
○彼は語学が堪能で、中国語もロシア語もすらすら話します。

軽率に話すようす、時間を無視して話すようすが「ぺらぺら」で、よどみなく話すようすが「すらすら」で表されています。

次に、「話す」と「しゃべる」。この二つに「言う」「語る」「述べる」の三語を加えての五語で見ると、《ことばとして声に出す》の意の「言う」を基本として、「話す」は《自分の考えや思いを声に出して言う》、「語る」は《筋道のある話として伝え言う》、「しゃべる」は《自分の考えや思いを声に出してぺらぺら言う》、「述べる」は《多くの聞き手を意識して筋道を立てて自分の考えや思いを言う》ということになりますか。

このうちの「語る」は、聞き手を喜ばそうとおもしろおかしく伝え言うあまりに、ときに事実でないことも混じることがあります。意図してだますのも「かたる」です。「騙る」と書かれます。また、「おしゃべり」の語もあるように、「しゃべる」には、「饒舌《じょうぜつ》だ。話さなくてもいいことまで話しすぎる」というマイナスの語感があります。

○わたし、気の合ったお友達とおしゃべりするのが大好き。

○昨夜は遅くまで電話で母としゃべっていました。

などと自分のことについて用いるのはいいのですが、

○このあいだ、AさんとBさんが喫茶店でしゃべっていたわ。

などと用いるのは避けたほうがよいでしょう。

「死ぬ」と「亡くなる」

問い
年末に兄の死去による忌中の挨拶状を出すことにしました。文中、「兄が死にました」と書くか「兄が亡くなりました」と書くかで迷いました。「死ぬ」と「亡くなる」は、どう使い分けますか。

答え
『万葉集』の時代から、日本には言霊《ことだま》信仰があり、善いことばを口にすれば善いことが起き、悪いことばを口にすれば悪いことが起きると信じられてきました。「葦《あし》」は「悪《あ》し」に通じるので「よし」と言い換え、「すり鉢」の「すり」は「使い果たす」の意に通じるので「あたり鉢」と言い換えるなどの忌み言葉は、言霊信仰によるものです。

生きている者にとって「死」はもっとも避けたいものでした。「死ぬ」ということばは口にしにくいのです。それで、その事実を「かくれる」とか「なくなる」とかと遠まわしに言いました。肉体がこの世からおいとまするという意味の「みまかる＝身罷る」という表現も用いました。

なんとか「死ぬ」ということばを避けようと、「はかなくなる」「絶え入る」「絶え果てる」

「事切《ことき》れる」「息を引き取る」「目をつぶる」「瞑目《めいもく》する」「眠る」「永久《とわ》の眠りに就く」「永眠する」「世を去る」「他界する」「天に召される」「神に召される」「天寿を全うする」「不帰の客となる」「鬼籍に入る」「幽明相隔《ゆうめいあいへだ》つ」などの表現も用いられてきました。

今日では、「亡くなる」と書くので、ものが紛失する「無くなる」ではないことが明らかになっていますが、それでも、「死ぬ」よりもややわらかく伝わります。

留意しなければならないのは、字音語の場合です。「死亡」や「死去」には敬意が含まれませんが、「逝去」には尊敬の意が含まれます。「逝去」を身内の者の死に用いることは避けなければなりません。なお、「若死に」の意の「夭逝《ようせい》」には敬意が含まれないのですが、気にされることもあるので、身内については「若くして亡くなりました」などの表現にするほうが無難です。

なお、「崩御《ほうぎょ》」は、天皇・太皇太后・皇太后・皇后の死去を敬っていう語、「薨去《こうきょ》・薨逝《こうせい》」は、古く、皇族または三位以上の方の死去を敬っていった語。現在では、「おかくれになる」または「おなくなりになる」ということが多いようです。

「おそらく」と「たぶん」

問い 「おそらく雨になるだろう。」とも「たぶん雨になるだろう。」とも言いますが、「おそらく」と「たぶん」は、どう使い分けますか。

答え 今日では同じように用いられていて、ふつうには、使い分けられそうにありません。ただし、「曰く因縁」の「いわく」が「いうこと」、「老いらくの恋」の「おいらく」が「おいること」、「思惑《おもわく》買い」の「おもわく」が「思うこと」であるように、「おそらく」は、もとは「おそれること」ということですから、もとの意味を生かして使い分けることはできそうです。

実際の作品中で、見事に使い分けているこんな用例があります。

例 此《この》「寒山拾得《かんざんじっとく》」と云《い》ふ話は、まだ書肆《しょし》の手にわたしはせぬが、**多分**新小説に出ることになるだらう。子供は此話には満足しなかつた。大人の読者は**恐らく**は一層満足しないだらう。

〈森鷗外・寒山拾得縁起〉

この文章では、「多分」は「だらう」に呼応し、「恐らくは」は「ないだらう」に呼応しています。

鷗外の使い分けに倣《なら》って、好ましい事態の予想される場合は「たぶん」、好ましくない事態の予想される場合は「おそらく」を用いるようにすると、どうでしょうか。

①a　面接が済みました。たぶん受かるでしょう。
　b　面接が済みました。おそらく受からないでしょう。
②a　交通事故で入院した。たぶん大丈夫だろう。
　b　交通事故で入院した。おそらく重傷だろう。
③a　たぶん雨になるでしょう。
　b　おそらく雨にならないでしょう。

いかがですか。①・②はよいとして、③bはへんではありませんか。「雨にならない」事態がこの話し手にとっては「好ましくない」のですね。たぶん、この話し手は、雨になることを期待していたのでしょう。

「たぶん」と「おそらく」の使い分けが確実になされると、話し手や書き手の気持ちがわかることになるのですが、残念ながら、そうなっていないのが現状です。

「きっと」と「ぜひ」

問い

「きっとまたおいでください。」とも「ぜひまたおいでください。」とも言います。「きっと」と「ぜひ」は、どう使い分けますか。

答え

「きっと」は《予想どおりのことが実現することを確信するようす》を表し、「ぜひ」は《誰がどう言おうと、実現することを願うようす》を表します。

○来年も｛きっと／ぜひ｝おいでください。
○ご講演は｛きっと／ぜひ｝聞かせていただきます。

このように、実現を望んだり決意を表明したりする場合には、どちらも用いることができますが、次のような場合は、＊をつけた言いかたはできません。

①しばらくお会いしていませんが、｛きっと／＊ぜひ｝お元気でしょう。
②晴れ女なのか、旅行のときは、｛きっと／＊ぜひ｝晴天に恵まれます。
③ご多用とは存じますが、｛＊きっと／ぜひ｝ご臨席のほどお願いいたします。

①の推量、②の習慣の表現には「ぜひ」が不適切です。③については、懇願の表現に「きっと」が不適切だというのではなく、「ご臨席のほど」という《改まった感じ》の表現には同じ漢語の「ぜひ（是非）」のほうが適切であるということです。「きっと」には「屹度・急度」などの漢字のあてられることがありますが、漢語ではありません。本来は、「『き』と」の意の擬態語です。

○鋭い目つきで**きっと**にらむ。

擬態語の感じをとらえるのは、ひじょうにむずかしいことです。とくに「きっと←きと」のようにたった一音の語構成要素を格助詞「と」で受けて成り立っているものが厄介です。「き」という音から感じられる鋭さや緊張感が《予想どおりのことが実現することを確信するようす》に結びついているのでしょう。是か非か、是であろうと非であろうと、理屈で《誰がどう言おうと、実現することを願うようす》をいう「ぜひ」とは、でどころ（語種）が違っているのです。

「どうか」と「どうぞ」

問い

「どうかよろしくお願いします。」とも「どうぞよろしくお願いします。」とも言いますが、「どうか」と「どうぞ」は、どう使い分けますか。

答え

用例で確かめてみましょう。＊は、言えないものです。

①{どうか／＊どうぞ}息子の命をお守りください。
②{どうか／＊どうぞ}天候に恵まれますように。
③{＊どうか／どうぞ}お元気でお過ごしください。
④{＊どうか／どうぞ}ご無事でお帰りになりますように。

①は「息子の命の守られる」ことを（神仏に）願う気持ち、②は「天候に恵まれる」ことを（天に）願う気持ちが「どうか」で表されています。

それに対して、③は「お元気でお過ごしくださる」ことを（相手に）勧める気持ち、④は「ご無事でお帰りになります」ことを（相手に）勧める気持ちが「どうぞ」で表されています。

割り切って言うと、その動作・状態を《願う》のが「どうか」であり、その動作・状態の実現を《勧める》のが「どうぞ」です。

⑤｛どうか／どうぞ｝お掛けください。

ふつうに座席にすわることを勧めるのであれば、「どうぞ」を用いるのですが、相手がどうしても座席に着くことを拒むようであれば、「どうか」を用いることになりましょう。

さて、「｛どうか／どうぞ｝よろしくお願いします。」は、どうでしょうか。「よろしくお願いします」というのは、「よろしく｛ご指導／お付き合い／お引き立て……｝くださるようお願いします」ということです。「｛ご指導／お付き合い／お引き立て……｝くださるよう」の部分が言われていないのです。｛指導し／付き合っ／引き立て……｝てくれることを相手に《願う》のであれば、「どうか」になり、｛指導し／付き合っ／引き立て……｝てくれることを相手に《勧める》のであれば、「どうぞ」になりましょう。要は《願う》か《勧める》かの違いです。

「美しい」と「きれいだ」

問い

「美しい花が咲いている。」とも「きれいな花が咲いている。」とも言います。「美しい」と「きれいだ」は、どう使い分けますか。

答え

これは、国立国語研究所報告28『類義語の研究』〈昭和四〇年、秀英出版〉でもとりあげられた類義語です。これを参考に、実際に用いられる例を確かめると、ともに言える場合と、一方しか言えない場合とがあります。＊は、言えないものです。

①ナナカマドの紅葉と夜景の｛美しい／きれいな｝街です。
②花々が｛美しく／きれいに｝咲き誇っています。
③亡き人は｛美しい／きれいな｝肌の人だった。
④午後の時間を｛美しい／きれいな｝音楽に浸って過ごした。
⑤二人は｛美しい／＊きれいな｝友情で結ばれています。
⑥彼はお金には｛＊美しい／きれいな｝人です。
⑦彼女は残らず｛＊美しく／きれいに｝食べました。

⑧宴会には｛＊美しどころ／きれいどころ｝が花を添えた。

①〜④、紅葉・夜景・花・肌・音楽などは「美しい」とも「きれいだ」とも言えます。ところが、⑤の友情のような抽象概念になると、「きれいだ」とは言えなくなります。愛情・恋情・信仰心なども同じです。「美しい」というよりも「けがれがない」という感じです。⑥・⑦・⑧は、逆に「美しい」とは言えないもの。⑥の金銭については、執着するかしないかなのでしょうか。執着するのが「きたない」、恬淡《てんたん》と執着しないのが「きれいだ」。⑦に関連して「美しく食べる」という表現も目にします。これは、残らず食べるのではなく、食べる動作が美しいというのです。⑧の「きれいどころ」は熟した語で、芸妓などを言います。

「きれい」は形容動詞の語幹で、形容詞「美しい」の語幹は「美し」です。

「美しい」は、英語のビューティフル beautiful、「きれいだ」はクリーン clean にあたるとも言えるようです。

「寒い」と「冷たい」

問い 冬の朝、三歳の子が「きょうは、顔が寒い。」と言いました。「顔が冷たい。」と言うつもりだったと思うのですが、「寒い」と「冷たい」は、どう使い分けますか。

答え 現代日本語では、「顔が冷たい」と言うところです。簡単に言うと、全身で感じるのが「寒い」、からだの一部分で感じるのは「冷たい」です。

	高い ←	温度		→ 低い	
からだの全体	暑い	**暖かい**	**涼しい**	寒い	（青字は、快感）
からだの一部	熱い	**温かい**	ぬるい	冷たい	（他は、不快感）

奈良時代には「冷たし」という語がありませんでした。『万葉集』では、大気も風も鳥の鳴き声も露霜も雪も衣手も肌も「寒し」と言われています。

例　八田《やた》の野の浅茅《あさぢ》色づく愛発山《あらちやま》峰の沫雪《あわゆき》寒く降るらし　〈万葉集・巻十・二三三一〉

訳　八田の野の浅茅が黄色に色づいている。愛発山の峰の淡雪が寒く降っているにちがいない。

平安時代になって、「冷たし」が見られるようになります。清少納言の『枕草子』には、「いとつめたきころなれば（指先が痛く感じるようなたいそう冷たい時節なので）」中宮定子さまのお手が薄紅梅色になっているとあり、『紫式部日記』には、道長が中宮彰子に「何の子持ちか冷たきにかかるわざはせさせたまふ（どんな子持ち女がこの指先の痛く感じるような冷たい時節に物語を書き写して本にしたてあげるようなしごとをしなさる）」と言っています。また、『大鏡』には、「北風はいとつめたきに（北風はたいそう冷たいので）」とあります。

『大言海』には〔爪痛しノ約〕とあります。今日では、指先にある角質の硬いところを「つめ」と言いますが、もとは、指先のことでした。指先が痛く感じるということで、「つめ痛し」と言い、「いたし」の「い」が落ちて「つめたし」になったと『大言海』の編者の大槻《おおつき》文彦《ふみひこ》は考えたのです。

「～だらけ」と「～まみれ」

問い　「血だらけ」とも「血まみれ」とも言いますが、「～だらけ」と「～まみれ」は、どう使い分けますか。

答え　「～だらけ」と「～まみれ」がともに言えるのは、「垢《あか》・汗・糞《くそ》・粉・砂・灰・埃《ほこり》」などです。変わったところでは「借金」も「借金だらけ／借金まみれ」のどちらも用いられています。「傷だらけ」のように、「○○だらけ」だけがあって、「○○まみれ」の見当たらないのは、「穴・しみ・しわ」などです。

用例で確かめてみましょう。以下、＊は、用いられないものです。

①岸壁から滑落して、全身〈傷だらけ／＊傷まみれ〉でした。
②小石が降り注いで、スレートの屋根は〈穴だらけ／＊穴まみれ〉です。
③雨漏りで、天井が〈しみだらけ／＊しみまみれ〉になっています。
④二時間ほどで、ワイシャツが〈しわだらけ／＊しわまみれ〉になりました。
①は、からだのあちこちにたくさんの傷ができた、②は、屋根のあちこちにたくさんの穴

があいている、③は、天井のあちこちにたくさんのしみができている、④は、ワイシャツのあちこちにたくさんのしわがよっているというのです。血や汗が皮膚を覆い、泥や埃《ほこり》が全身をまぶすように、傷・穴・しみ・しわが全身なり屋根なり天井なりワイシャツなりを覆ったりまぶしたりしているというのではありません。だから、「～まみれ」とは言えないのです。

　このように、「～だらけ」が言えて「～まみれ」が言えないものの例から推測すると、両方言えるものの使い分けもできるのではありませんか。

　あちこちにたくさんの血がついているのが「血だらけ」で、血で覆われているのが「血まみれ」であるということになりそうです。

　あちこちにたくさんの借金があるのが「借金だらけ」であり、生活の全体が借金に覆われまぶされていて抜け出ることができそうにないのが「借金まみれ」ということになります。「汗だらけ」でまじめに一生懸命働き、「汗まみれ」で一日一日を過ごしていれば、まちがっても「借金だらけ」になったり、「借金まみれ」の生活になったりすることはないのでしょう。

「に」と「と」

問い 「ホテルのロビーで知人に会う」とも「ホテルのロビーで知人と会う」とも言います。「に」と「と」は、どう使い分けますか。

答え 「知人に会う」は、知人が「会う」対象であることを、「知人と会う」は、知人が「会う」共同者であることを示します。「会う」ことにかわりはないのですが、「～に会う」は、「会う」人の一方の行為であり、「～と会う」は、「会う」人の双方の行為です。

日本語の動詞には、構文上、共同者を示す「と」を必要とするものがあります。「争う・結婚する・交際する・議論する・喧嘩《けんか》する・戦う・付き合う・出会う・約束する・別れる」などです。「戦う」がもとは「叩《たた》き合う」であったこと、「交際する」の意の「付き合う」のあることからも推測されるように、「と」を必要とする動詞は「○○合う」の形を作ることができます。「愛し合う・殺し合う・知り合う・抱き合う・助け合う・取り合う・慰め合う・憎み合う・罵《ののし》り合う・話し合う・見せ合う」などがそれです。

これらの動詞のうち、「～と」とも「～に」とも言えるのは、「会う」の他には、「出会う」

と「別れる」くらいのものです。また、「〜と」と「〜に」とで、全く異なる意味になるのは「付き合う」です。

①昨日、図書館で担任の先生｛に／と｝出会いました。
②二年間一緒に学んだ留学生｛に／と｝空港で別れました。
③高校生のときから彼｛に／と｝付き合っています。

だれに会うの？
午後は人と会う約束があるんだ

①の担任の先生は、「出会う」対象にも共同者にもなります。「に出会う」のは偶然でしょうが、「と出会う」には、あらかじめ約束しておく必要があるようです。②の留学生も、「別れる」対象にも共同者にもなります。「別れる」場合は、約束していなくても「と別れる」ことができます。③は、「彼と」であれば、彼が「付き合う」共同者ですが、「彼に」であれば、彼が「付き合う」対象というわけではなく、「彼のしていること」が「付き合う」対象であるということです。「付き合う」は、「交際する」意にも「協力する」意にもなるのですね。

「に」と「へ」

問い 「会社に行く」とも「会社へ行く」とも言います。「に」と「へ」は、どう使い分けますか。

答え 基本となる働きでいうと、「に」は《場所を示す》、「へ」は《方向を示す》です。揚げ足をとると、「会社へ行く」なら、「会社のほうに行く」のですから、会社には行かずに、会社の手前にある店などに行っても、会社の先にある公共施設などに行ってもよいことになります。

古く、『万葉集』の時代から、「に」は《場所を示す》ことを基本とし、「へ」は《方向を示す》ことを基本としました。この基本に戻って使い分けるようにするとよいでしょう。

①今日の午後、市役所｛に／へ｝行く。
②弟は傘を持って母を迎えに駅｛に／へ｝向かった。
③急用ができて、すぐに自宅｛に／へ｝戻る。
④渡り鳥が北｛に／へ｝帰る。

⑤二時間かけてやっと頂上〔に／へ〕たどり着いた。
⑥久しぶりにふるさとの母〔に／へ〕電話をした。

①・③・⑤は、帰着点が「市役所・自宅・頂上」です。帰着点は「に」で表すほうが的確です。

②は、「駅に」と言えば、帰着点が「駅」です。「駅に向かった」弟を母は駅で待つことになります。「駅へ」と言えば、「駅のほう」へ弟が向かったことになります。自宅から駅への道筋で弟が母に出会うかもしれません。

④は、「北に」と言えば、北の特定の地点に帰ることになります。地点を特定しないのなら、「北へ」でよいでしょう。

⑥は、電話の相手が母なら、「母に」、相手が母に特定されないのなら「母へ」。母と同居している人などであればよいということになります。

「の」と「が」

問い

以前「雨の降る日は天気が悪い。」という文句を聞きました。最近「犬が西向きゃ尾は東、雨が降る日は天気が悪い。」というのを聞きました。「雨の降る日」と「雨が降る日」は、どう使い分けますか。

答え

助詞の「の」には、「雨の日」のように、上の語と結びついて下の語を修飾する働きがあります。「魚の頭」「私の本」「犬の尾」などの「の」がそれです。ところが、「雨の降る日」のように、「雨の」と「降る」が主語と述語の関係になる場合があります。「の」が主格を示す働きをしていると見ることができます。「花の咲く庭」「風の吹く丘」「犬のいる家」などの「の」がそれです。下に来るのが動詞でなく、「花の美しい庭」「風の激しい丘」「犬の元気な家」のように、形容詞・形容動詞が下に来る場合もあります。

以前は、「雨が降る。」という文が一まとまりになって下の「日」にかかるというような場合には「雨が」の「が」が「の」にかわるという文法がありました。また、その一まとまりを大きな名詞にする「の」がつくときにも、「が」が「の」にかわる文法が働きました。

○雨**が**降る。

○雨の降る日。
○雨の降るのは久しぶりだ。

最近では、「の」は下の語を修飾する場合だけにし、主格を示すのは「が」にするという用いかたをする向きが多くなりました。「父親が飲んだジュースの汁が服を汚したのが見えて、昇太郎はあわてて父親のそばにかけ寄った。」というような文です。しかし、これまでの文法が用いられないわけではありません。「ご飯の入った容器を手に持ちながら歩いた。」というような文にも出会います。「ご飯が入った容器」にはなっていません。

新聞などの報道文では、主格は「が」と徹底しているようですが、実際の小説や手紙などでは、必ずしも、そうなってはいません。「涼しい風の吹く海沿いの道」とか「薬の入った袋」のような主格の「の」も不自然でなく、用いられています。

コラム4　符号に似た漢字

「丶」は読める？

問い　句集を読んでいたら、〈老の眼にゝ《チュ》とにじみたる蠅《はへ》を打つ〉（高浜虚子）とありました。平仮名一字の繰り返し記号の「ゝ」は「チュ」と読むのですか。

答え　お読みの「ゝ」は、「丶」の誤植です。繰り返し記号の「ゝ」は「チュ」とは読めません。「丶とにじみたる」の「丶」は、片仮名の繰り返し記号の「ヽ」と同じに見えますが、「チュウ・チュ」と読む、れっきとした漢字です。

解説　「丶」は、ろうそくの炎のように、もし火がじっととまって燃え立つようすを写した象形文字です。丶部の部首になっています。丶部には、常用漢字表にある丸・丹・主・丼が収められています。

符号のように見える漢字には、これも句に用いられたことのある「彳亍《てきちょく》」があります。「彳」も「亍」も、れっきとした漢字です。「彳」は、ギョウニンベンと呼ばれ、彳部の部首。「亍」は、十字路の意の「行」の右側の独立したもの。足踏みする、少し行くの意とされます。

彳部には、常用漢字表にある役・往・径・征・彼・後・待・律・従・徐・徒・得・御・循・復・微・徴・徳・徹が収められています。ところが、「行」は、ギョウガマエの部で、彳部ではありません。術・街・衝・衛・衡のグループです。

第5章

紛らわしい日本語

「おざなり」と「なおざり」

問い

「おざなりの返答に憤慨した。」とも「なおざりの返答に憤慨した。」とも言います。どちらが適切ですか。

答え

「おざなり＝御座形」は、その場だけの間に合わせ。「なおざり＝等閑」は、いい加減。心をこめてしないようす。「返答」については、その場逃れのものであったか、いい加減なものであったか、その場逃れのいい加減なものであったか、そのどれもがあてはまりそうです。この場合どんな「返答」なのかがわからないから、「おざなり」か「なおざり」か、どちらが適切か判断できないのです。

「お・ざ・な・り」と「な・お・ざ・り」、使われている音も同じ、意味も似ているように感じられるので混同するのでしょうが、本来は、意味も用法も別の語です。

その場だけの間に合わせなどというと、「おざなり」は好ましくないように感じられますが、江戸時代には、例えば、芸妓がその場その場で客にあわせるのが「おざなり」でしたから、今日の《空気を読む》と異ならないという一面があったのかもしれません。

一方、古く平安時代から用例のある「なおざり」は、約束の期限を守らずに放置するようすなどに用いられたりしたので、好ましいものではありませんでした。

用例で確かめてみましょう。＊のついた語は用いられないものです。

①三日前に言ったことと今言ったことが違う｛おざなり／＊なおざり｝な態度だ。

②また遅刻ね、｛＊おざなり／なおざり｝な態度に嫌気がさすわ。

どちらも「態度」について言っていますが、①は「三日前に言ったこと」と「今言ったこと」とが違うという事実に基づいて、その時々でその場しのぎのことを言う「おざなりな態度」であると判断し、②は「また遅刻」という事実に基づいて、約束の時刻を誠意をもって守ろうとしない、いい加減にする「なおざりな態度」であると判断しているのです。

「あらかじめ」と「まえもって」

問い

「あらかじめご連絡申し上げます。」と「まえもってご連絡申し上げます。」は、どちらが適切ですか。

答え

現在は、このように用いられます。

○**あらかじめ**ご日程をお聞かせくださいますように。

○**まえもって**日取りを言っといてね。

互いに置き換えて用いられないわけではありませんが、割り切って言うと、「あらかじめ」は「まえもって」のやや改まった感じになっています。

遠く、天平九年（七三七年）正月、橘佐為《たちばなさい》と多くの大夫たちが弾正台《だんじょうだい》の長官の門部王《かどべのおおきみ》の家に集まっての宴会のときに、主人である門部王がこんな歌を詠みました。

例　**あらかじめ**君来まさむと知らませば門《かど》にも屋戸《やど》にも玉敷かましを

〈万葉集・巻六 - 一〇一三〉

訳　あらかじめあなたがたがいらっしゃるだろうと知っていたならば、門にも家にも玉を敷きつめておきましたのに。

また、天平十一年（七三九年）七月、大伴家持は、亡き妻を偲《しの》んで詠みました。

例　出《い》でて行く道知らませば**あらかじめ**妹《いも》を留めむ塞《せき》も置かましを　〈同・巻三‐四六八〉

訳　あの世へとこの世を出て行く道を知っていたら、あらかじめ妻をこの世に留められるように関所を設けて番人を置いておくのだったのに。

どちらも男性の歌です。すでにこの時代に、「予告・予定・予報」などの「予＝豫」の訓として「あらかじめ」が用いられていたのです。

明治時代に下って、森鷗外《おうがい》は「舞姫」に、伯林《ベルリン》での相沢の手紙が「とみの事にて**預め**《あらかじ》知らするに由《よし》なかりしが」で始まるとしています。これに対して「まえもって」は、古くは見られません。明治時代に下っての書簡文などに、「以前」を訓《よ》み下したものなのでしょうか、「前以テ」という文字づかいで書かれているのが見られるようです。日常語の「前に」または「前々に」に対しての文章語の「前以テ」だったのでしょうか。

「やおら」は「おもむろに」？

問い

「やおら立ち上がる」というのは、「おもむろに立ち上がる」ということだと聞きました。「急に立ち上がる」というのではないのですか。

答え

「やおら立ち上がる」は「急に立ち上がる」ということではありません。「やおら」というのは、《じっとしていた状態からゆっくりと行動し始めるようす》をいいます。《あわてずにゆっくりと行動し始めるようす》をいう「おもむろに」に近い副詞です。

例 御達《ごたち》東《ひむがし》の廂《ひさし》にいとあまた寝たるべし、戸放ちつる童《わらは》もそなたに入りて臥《ふ》しぬれば、とばかりそら寝して、灯《ひ》明き方に屏風《びやうぶ》をひろげて、影ほのかなるに、**やをら**入れたてまつる。いかにぞ、をこがましきことにもこそと思《おぼ》すに、いとつつましけれど、導くままに母屋《もや》の几帳《きちやう》の帷子《かたびら》ひき上げて、いと**やをら**入りたまふとすれど、みなしづまれる夜《よ》の御衣《ぞ》のけはひ、やはらかなるしもいとしるかりけり。〈源氏物語・空蝉〉

訳 女房たちは東廂にたいそう大勢寝ているのだろう、妻戸を開けた女童もそちらに入って寝てしまったので、小君はしばらく寝たふりをして、灯の明るい方に屏風をひろげて、火影の薄暗くなっている所に、源氏の君をそっと入れてさしあげる。どうなることか、ばかな目にあうかもしれない、そうなると困るなとお思いになると、たいそう気がひけるけれど、小君の導くのに従って、母屋の几帳の帷子を引き上げて、たいそうそっとお入りになろうとするけれど、皆がすっかり寝静まった夜、源氏の君のお召しものの衣ずれの音がやわらかなだけに、かえってはっきりと聞こえるのであった。

『源氏物語』に見られるように、「やおら」は古くから用いられていますが、「おもむろに」は見られません。現代に下ると、こんな用例が見られます。

例　東山の上が、うす明く青んだ中に、旱《ひでり》に痩せた月は、**徐《おもむろ》に**さみしく、中空に上つてゆく。

〈芥川龍之介・偸盗　六〉

月が地上の騒ぎとは関わりなく、あわてずゆっくりと上るのです。

「かろうじて」と「やっと」

問い　**集合時刻ぎりぎりに駆けつけ、「やっと間に合った。」と言うと、「そう。かろうじて滑り込みセーフというところね。」と言われました。「やっと」と「かろうじて」は、どう使い分けますか。**

答え　「かろうじて」と「やっと」には、語感の違いがあって、日常では、「やっと間に合った」「やっと暖かくなってきた」などと使いますが、改まった場面では、「かろうじて五分前に到着しました」「浅学菲才《ひさい》ながらかろうじて定年退職の日を迎えることができました」などと多く「かろうじて」を使います。「かろうじて」は「辛くして」のウ音便による副詞です。

『源氏物語』の「絵合」の巻に「物語の出《い》できはじめの親なる竹取の翁」と言われている『竹取物語』には、手紙・会話・地の文に「からうじて」が載っています。

例　火鼠《ひねずみ》の皮衣《かはぎぬ》、**からうじて**人をいだして求めて奉《たてまつ》る。今の世にも昔の世にも、この皮は、たやすくなき物なりけり。〈竹取物語・安倍の右大臣と火鼠の皮衣〉

訳　火鼠の皮衣、やっとのことで、人を（天竺《てんじく》に）行かせて手に入れて、お届け申しあげます。今の世にも昔の世にも、この皮は、手に入れるのがたやすくないものだったのです。

例　大臣答へていはく、「この皮は、唐土《もろこし》にもなかりけるを、**からうじて**求め尋ね得たるなり。なにの疑ひあらむ」〈同・安倍の右大臣と火鼠の皮衣〉

訳　大臣が答えて言うことには、「この皮は、唐土にもなかったのを、やっとのことで探し出して手に入れたものです。なんの疑いがありましょう」

例　人々、水をすくひ入れたてまつる。**からうじて**生き出《い》でたまへるに、また鼎《かなへ》の上より、手とり足とりして、下げおろしたてまつる。〈同・石上の中納言と燕の子安貝〉

訳　人々は、水をすくい入れてお飲ませ申しあげる。（中納言が）やっとのことで生き返りなさったので、また、鼎の上から、手取り足取りして、下げおろしてさしあげる。

このように、「からうじて」は古くから用いられています。

「つつがない」と「無病息災」

問い 郷里の父からの便りに「つつがなく暮らしています」とありました。前には、「無病息災に過ごしています」とありました。「つつがない」と「無病息災」は、どう使い分けますか。

答え 古くから用いられてきた和語の「つつがない」と漢語の「無病息災」とは、意味はほとんど異なりませんが、語感には違いがあります。「つつがない」には懐かしく上品な感じがあり、「無病息災」は少しかしこまった堅い感じがするようです。

古く、『源氏物語』には、こんな用例があります。光源氏の雲隠れのあと、薫大将が自分の出生について悩む場面です。日本版の To be, or not to be のハムレットです。

例 おぼつかな誰《たれ》に問はましいかにしてはじめもはても知らぬわが身ぞ

答ふべき人もなし。事にふれて、わが身につつがある心地するも、ただならずもの嘆かしくのみ思ひめぐらしつつ、……

〈源氏物語・匂兵部卿〉

訳 はっきりしないことだ。誰に尋ねたらよいのか。どのようにしてこの世に生まれたのかも、今後、どうなり、どのように最期を迎えるのかも、わからないこの身なのだ。

答えてくれそうな人もいない。なにかにつけて、わが身に異状があるような気がするにつけても、平静ではいられずひたすら悲しくばかり思われて、あれこれと思案をめぐらしては、……

ここの「つつが」は、病気、異状です。『源氏物語』には、もう一例、今日の「つつがない」の意の「つつがなし」の用例も見られます。婿《むこ》候補に逃げられ、薫と匂宮とに見初《そ》められた浮舟《うきふね》を母親の中将の君が三条の小家にかくまった場面です。

例　親、はた、まして、あたらしくて惜しければ、**つつがなく**て思ふごと見なさむと思ひ、……〈同・東屋〉

訳　母親はまた母親で、これまで以上に娘をこのままにしておくのがもったいなく残念なので、無事であってかねて思っていたとおりにちゃんとした男に縁づかせようと思い、……

「見過ごす」と「見逃す」

問い

「信号無視を見逃すなんて、怠慢ではないですか。」と交通整理の警官に言った人に、警官は「見過ごしたのです。見逃したのではありません。」と応じました。「見過ごす」と「見逃す」の使い分けはどのようにできますか。

答え

警官に注意した人も警官も、「見逃す」は《見て見ぬふりをする》という意味で用いていて、警官は、「見過ごす」を《見ないで過ぎる》という意味で用いているようです。警官は、ほかに気を奪われていたかで、信号無視を見ることができなかったのであって、信号無視を許したのではないと言うつもりだったのです。

どんな場合でも、ここでの会話のように、「見逃す」と「見過ごす」が使い分けられるとは限りません。全く逆に、「見過ごす」が《見て見ぬふりをする》、「見逃す」が《見ないで過ぎる》であると受け取られる場合もあります。

①ここは大目に見て、{見過ごし／見逃し}てもらえませんか。
②疲れていたので、{見過ごし／見逃し}てしまったのだよ。

①は「見逃し」であり、②は「見過ごし」であるとするのが、最初の会話での用い方ですが、全く逆に、①は「見過ごし」であり、②は「見逃し」である場合もあるのです。どちらかが誤りであるというのではありません。

どちらか一方が用いられないのなら、使い分けができるのですが、そうではないので、たいそうむずかしいのです。

どうしてこんなことになるのかというと、「～過ごす」には、《気づかずにそうなる》場合と《意識してそうする》場合があるからです。

「今朝は寝過ごしちゃって」の「寝過ごす」、「居眠りして乗り過ごす」の「乗り過ごす」などが《気づかずにそうなる》場合です。

「電車が満員だったので、一本やり過ごした」などの「やり過ごす」が《意識してそうする》場合です。

「見初める」と「見始める」

問い

「映画を見始めたのは、中学生になったころからだけど、そんなときに、今の奥さんを見初めたんだよね。」と友人が言います。意識して「見始める」と「見初める」を使ったようです。「〜始める」と「〜初める」は、どう使い分けますか。

答え

この例では、見ることを始めるのが「見始める」で、初めて見る「見初める」を恋心をもつ「恋い初める」の意として用いています。

坪内逍遥《しょうよう》の『当世書生気質《かたぎ》』には、こうあります。句読点は、適宜改めて引きます。

例 又恋初《こひそむ》るといふ事をば、**見初《みそむ》る**といふ言葉をもて、わからせるといふも奇態な習慣《ならはし》。かかれば、我《わが》国の男女《をとこをんな》は、互《たがひ》に相慕《あひした》ふは名のみにして、其実《そのじつ》、其人《そのひと》をば慕ふにはあらで、其蛾眉《そのまゆ》、其容姿《そのなりふり》、其腰附《そのこしつき》をば慕へるなり。〈当世書生気質・第十四回〉

もっとも、これはふざけているのです。日本語では、『万葉集』のころから、「見る」というのは、男女が付き合う、交わるということでもありました。「見初める」は「逢《あ》い初める」こと、「馴《な》れ初める」ことでもあったのです。

特別な意味をもつ「見る」は別にして、例えば「書く」などは「書き初める」と「書き始める」を比べると、「書き初める」のほうが古い言いかたです。だから、古くからある「書き初め」を「書き始め」とは言いません。生後一〇〇日、または、一二〇日に行う祝い事も「食い初め」であって、「食い始め」ではありません。

①｛明け初める／明け始める｝山の空気が冷たい。

②慕わしく｛思い初め／思い始め｝たのは、少女のころです。

③西の空を真赤に染めて、｛暮れ初め／暮れ始め｝ています。

④桜の花が｛咲き初め／咲き始め｝ました。

⑤秋が深まり、木の葉が｛散り初め／散り始め｝た。

どちらも言えますが、「～初める」のほうが少し古めかしく品のある感じがします。

「〜出す」と「〜始める」

問い 「チャイムが鳴り出しました。」と「チャイムが鳴り始めました。」の、「〜出す」と「〜始める」は、どう使い分けますか。

答え 現代日本語では、

①｛急に／突然／だしぬけに｝雨が降り出した。

②｛夕方になってから／ようやく／ゆったりと｝雪が舞い始めた。

のように、急激な動作の開始には「〜出す」を、緩慢な動作の開始には「〜始める」を用いることが多いのです。しかしこのような用例もあります。

例 所がそれよりも先にけたたましい日和下駄《ひよりげた》の音が、改札口の方から聞《きこ》え**出し**たと思ふと、間もなく車掌の何か云《い》ひ罵《ののし》る声と共に、私の乗つてゐる二等室の戸ががらりと開いて、十三四の小娘が一人、慌しく中へはいつて来た、と同時に一つづしりと揺れて、徐《おもむろ》に汽車は動き**出し**た。

〈芥川龍之介・蜜柑〉

ここの「聞え出した」は、《突然》なので「〜出す」でわかります。ところが、「徐に動き出した」は、「徐に」とありますから、《緩慢な動作》のはずですが、「〜出す」が用いられ

ています。こんな用いかたもあるのです。また、この作品には、次のような用例も見られます。

例　私は一切がくだらなくなつて、読みかけた夕刊を抛《はふ》り出すと、又窓枠に頭を靠《もた》せながら、死んだやうに眼をつぶつて、うつらうつらし**始め**た。〈同〉

例　汽車が隧道《ずいだう》へなだれこむと同時に、小娘の開けようとした硝子《ガラス》戸《ど》は、とうとうばたりと下へ落ちた。さうしてその四角な穴の中から、煤《すす》を溶《とか》したやうなどす黒い空気が、俄《にはか》に息苦しい煙になつて、濛々《もうもう》と車内に漲《みなぎ》り**出し**た。〈同〉

先に見た「徐に動き出した」には驚かされますが、右の「うつらうつらし始めた」は《緩慢な動作》の「～始める」であり、「漲り出した」は《急激な動作》の「～出す」であるということが印象づけられます。

「入れる」か「打つ」か？

問い

演説の途中で、聴衆から「そうだ！」などの声のかかることがあり、話の間に「それで？」などと声のかかることもあります。これは「合いの手を入れる」と言うのですか、「合いの手を打つ」と言うのですか。

答え

「合いの手」は「入れる」のです。

もともとは、邦楽で、唄と唄との間に入れる三味線だけの演奏が「合いの手」でした。「間の手」または「相の手」などの漢字をあてることもありました。

また、歌や踊りの間に入れる掛け声や手拍子も「合いの手」と言い、人の話しているときに入れる賛同や励ましの掛け声なども「合いの手」と言います。どの場合も、「合いの手を入れる」または「合いの手が入る」と言います。

これと紛れがちなのは、「相鎚《あいづち》を打つ」です。鋼《はがね》を鍛えるときに、師と弟子とが向かい合って鎚を打ちます。師の鎚に対する弟子の鎚が「相鎚」です。「向《む》い鎚」とも言います。鎚と相鎚との呼吸が合わないと、うまく鋼を鍛えることができません。

この鍛冶の「相鎚を打つ」が「頷《うなず》くなどして、人の話に調子を合わせる」の意にも用いられるようになりました。

鍛冶に使うのは金属の「鎚」ですが、《同意のしるしに頷く》「あいづち」は木材の「槌」でもよかろうということで、「相槌」とも書かれます。「相鎚」にしても「相槌」にしても、「打つ」ものです。

例 彼等の応対は健三には何の興味も与へなかった。其上《そのうへ》いくら**相槌を打たう**にも打たれないやうな変な見当へ向いて進んで行くばかりであった。

〈夏目漱石・道草　十六〉

同じような場面で用いられる「合いの手」と「相槌」ですから、紛れるのでしょうが、「合いの手」は「入れる」であり、「相槌」は「打つ」です。

なお、同意や共感、励ましではない「野次」は「飛ばす」です。無責任に「野次を飛ばす」のは、コミュニケーションの妨げになります。

「的を射る」か「的を得る」か？

問い
「的を射た答弁」とも「的を得た答弁」とも聞きます。「射る」と「得る」のどちらが適切ですか。

答え
「的」というのは、弓を射たり鉄砲を撃ったりする練習をするときに、目標として立てておくものです。標的、目的物ですから、目的物を自分のものにする「的を得る」であると考えがちです。理屈の上では、それでもよいようですが、慣用表現としては、「的を射る」でなければなりません。

和歌の修辞には、枕詞《まくらことば》、序詞《じょことば》に並んで縁語《えんご》というのがあります。

○唐衣《からころも》きつつなれにしつましあればはるばるきぬる旅をしぞ思ふ　〈古今集・巻九〉

訳　都には朝夕着なれた着物の「褄《つま》」ではないけれど馴《な》れ親しんだ妻がいるので、布地を「張る」ではないけれど、はるばるとやってきた旅をしみじみと悲しく思うことだ。

この歌は『伊勢物語』にもあり、「かきつばた」を各句の頭に詠みこんだ「折句《おりく》」の歌としてもよく知られています。「唐衣」は、「き（着）」にかかる枕詞。「着る・なる・褄・張る」は、「衣」から連想される語、「衣」の縁語です。

○梓弓《あづさゆみ》春立ちしより年月の射るがごとくもおもほゆるかな
〈古今集・巻二〉

訳　春になった日からは年月が、まるで弓で射るかのように早く過ぎていくように思われることだ。

この歌は枕詞の「梓弓」が掛詞《かけことば》の「春（張る）」にかかり、「張る」「射る」が「弓」の縁語です。

ここに見たように、和歌の表現技巧の一つの縁語が「的を射る」にも生きているのです。弓を射るときの標的の「的」なので、「的を射る」と言うのです。鉄砲の標的であったなら、「的を撃《う》つ」になっていたのかもしれません。

【間違いやすい熟語の使い分け】

「異義」と「異議」

△「異義」……異なる意味。《例》同音異義語。

□「異議」……異なる考え。《例》異議を唱える。異議あり！　異議申し立て。

「意志」と「意思」

△「意志」……やり抜こうとする強い気持ち。《例》意志薄弱。意志の疎通。意志を表す助動詞「う・よう」。

□「意思」……（法律上の）本人の気持ち。《例》意思表示。契約締結の意思。財産譲渡の意思。養子縁組の意思。婚姻の意思。

「異状」と「異常」

△「異状」……ふだんとちがう状態。《例》異状なし！　からだに異状を感じる。

□「異常」……ふつうでないようす。《例》異常気象。異常寒波。異常事態。エンジンの異常。異常な執着。

「移動」と「異動」

△「移動」……うつりうごくこと。《例》家具の移動。移動図書館。移動動物園。

□「異動」……職場や住所などが変わること。《例》人事異動。定期異動。

「仮説」と「仮設」

△「仮説」……仮の説。《例》仮説を立てる。仮説の実証実験。

□「仮設」……仮に設けること。《例》仮設住宅。仮設舞台。仮設電話。

「回答」と「解答」

△「回答」……質問や要求に対する返事。《例》アンケートへの回答。賃上げ要求への回答。回答書。ゼロ回答。

□「解答」……問題を解いた答え。《例》模範解答。入試問題解答集。

「観賞」と「鑑賞」

△「観賞」……見てたのしむこと。《例》観賞植物。観賞魚。星空の観賞。金魚の観賞。菊の観賞。

□「鑑賞」……芸術作品を味わうこと。《例》名曲鑑賞。名画鑑賞。舞踊鑑賞会。鑑賞眼。鑑賞力。

「元日」と「元旦」

△「元日」……一月一日。《例》二〇二〇年元日。

□「元旦」……一月一日の朝。《例》一年の計は元旦にあり。

「規定」と「規程」

△「規定」……決まった形式に定めること。《例》規定量。規定打席数。条文に規定する。

□「規程」……定めた規則。《例》服務規程。用語用字規程。規程第二条第一項による。

「採決」と「裁決」

△「採決」……賛否の決をとること。《例》議長による採決。強行採決。

□「裁決」……裁いて申し渡すこと。《例》裁決が下る。不服申し立てへの裁決。

「修行」と「修業」

△「修行」……悟りの境地をめざす苦行。《例》修行者。修行僧。寒中の修行。山岳修行。

□「修業」……学問・技芸を磨く訓練。《例》花嫁修業。板前修業。修業中の身。※古くは「修行」。

「障害」と「傷害」

△「障害」……さわりのあることやもの。《例》障害物。身体障害。言語障害。

□「傷害」……きずつけ損なうこと。《例》傷害事件。傷害致死。

「侵食」と「浸食」

△「侵食」……侵入して自分の領域にすること。《例》他国の領土を侵食する。

□「浸食」……水が削りとること。《例》浸食作用で護岸が崩れる。

「慎重」と「深長」

△「慎重」……注意深いようす。《例》慎重な行動。石橋を叩いて渡る慎重な態度。

□「深長」……深みや含みのあるようす。《例》意味深長。

「精根」と「精魂」

△「精根」……物事をしようとする精力と根気。《例》精根尽きる。精根を使い果たす。

□「精魂」……たましい。精神。《例》精魂込めて作る。

「即効」と「速効」

△「即効」……即座の効き目。《例》即効性のある頭痛薬。

□「速効」……すばやい効き目。《例》速効性のある農薬。速効性肥料。

「貯金」と「預金」

△「貯金」……郵便局などにお金を預けること。また、そのお金。《例》貯金箱。貯金通帳。

□「預金」……銀行などにお金を預けること。また、そのお金。《例》普通預金。当座預金。預金通帳。預金高。定期預金。

「追求」と「追及」と「追究」

△「追求」……追い求めること。《例》利益の追求。幸福の追求。

□「追及」……追いつめること。《例》犯人の追及。責任の追及。余罪の追及。

▽「追究」……明らかにするために奥深くまでたずねきわめること。《例》真理の追究。本質の追究。

「呈示」と「提示」

△「呈示」……差し出して見せること。《例》パスポートの呈示。定期券の呈示。

□「提示」……書類などを提出して見せること。《例》回答書を提示する。修正案の提示。提示物。

「特長」と「特徴」

△「特長」……すぐれている点。《例》彼の特長は明朗なところだ。この辞書の特長。

□「特徴」……特に目立つ点。《例》特徴のある話しかた。この地方の気候の特徴。

コラム5　角書きの日本語

「仮名手本忠臣蔵」の「仮名手本《かなでほん》」って？

問い　十二月十四日、赤穂浪士の吉良邸討ち入りの日に近くなると、歌舞伎の「仮名手本忠臣蔵」が話題になります。「仮名手本」というのは、なんですか。

答え　「仮名手本忠臣蔵」の角書き《つのがき》の「仮名手本」というのは、仮名を習うときの手本として親しまれた「いろは歌」のことです。

いろは歌

いろはにほへと　**と**
ちりぬるをわか　**が**
よたれそつねな　**な**
らむうゐのおく　**く**
やまけふこえて　**て**
あさきゆめみし　**し**
ゑひもせす　**す**

解説　なんの罪咎《つみとが》もないのに死を賜った四十七士であるということを、「仮名手本」という題名の上に小さく二行で書いた角書きで表したものです。いろは歌を七文字ずつ唱えると、各行の末尾が「とか(咎)なくてし(死)す」になります。また、いろは歌は四十七文字で、赤穂四十七士になぞらえられます。

色は匂へど　散りぬるを（花は美しく咲くけれど　散ってしまうものなのに）
わが世誰ぞ　常ならむ（人の一生　だれが永遠不変であろうか）
有為の奥山　今日越えて（無常の人生　今日一日は無事に過ごしたけれど）
浅き夢見じ　酔ひもせず（はかない夢は見ないし　この平穏に酔いもしない）

現存最古の「いろは歌」は『金光明最勝王経音義』（一〇七九年）に万葉仮名で書かれています。

付録

二十四節気　七十二候

※七十二候は二十四節気をさらに三つに分けた約五日ずつの名称。
天候の動きや動植物の変化を示す短文になっている。
明治五年（一八七二年）改暦後の、「略本暦」による。

四季	二十四節気	七十二候	読み	意味
春	立春	東風解凍	はるかぜこほ《お》りをとく	春風が氷を解かす
	（二月四日ごろ）	黄鶯睍睆	うぐひ《い》すよきこゑ《え》になく	鶯《うぐいす》が良い声で鳴く
		魚上氷	うを《お》こほ《お》りをいづ《ず》る	魚が解けた氷から顔を出す
	雨水	土脉潤起	つちのしや《よ》ううるほ《お》ひ《い》おこる	地脈が潤いはじめる
	（二月十九日ごろ）	霞始靆	かすみはじめてたなびく	霞がたなびきはじめる
		草木萌動	くさきめばえいづ《ず》る	草木が芽生えだす
	啓蟄	蟄虫啓戸	すごもりむしとをひらく	冬眠の虫や小動物が起きだす
	（三月六日ごろ）	桃始笑	ももはじめてさく	桃が咲きはじめる
		菜虫化蝶	なむしてふ《ちょう》となる	菜の青虫が蝶《ちょう》になる
	春分	雀始巣	すずめはじめてすくふ《う》	雀が巣作りをはじめる
	（三月二十一日ごろ）	桜始開	さくらはじめてひらく	桜が開きはじめる
		雷乃発声	かみなりすなは《わ》ちこゑ《え》をはつ《っ》す	雷が鳴りはじめる
	清明	玄鳥至	つばめきたる	燕《つばめ》が南から渡ってくる
	（四月五日ごろ）	鴻雁北	こうがんかへ《え》る	雁《かり》が北へ帰っていく
		虹始見	にじはじめてあらは《わ》る	虹が立ちはじめる
	穀雨	葭始出	あしはじめてしや《よ》うず	葭《あし》が芽を伸ばしはじめる
	（四月二十日ごろ）	霜止出苗	しもやんでなへ《え》いづ《ず》る	霜が降りなくなり稲の苗が芽を出す
		牡丹華	ぼたんはなさく	牡丹の花が咲く

夏			
立夏（五月六日ごろ）	鼃始鳴	かは《わ》づ《ず》はじめてなく	蛙が鳴きはじめる
	蚯蚓出	みみずいづ《ず》る	みみずが地表に出てくる
	竹笋生	たけのこしや《よ》うず	たけのこが出はじめる
小満（五月二十一日ごろ）	蚕起食桑	かひ《い》こおきてくは《わ》をはむ	蚕が眠りから覚め桑の葉を食う
	紅花栄	べにばなさかふ《う》	紅花が盛んに咲く
	麦秋至	むぎのときいたる	麦が熟して収穫のときになる
芒種（六月六日ごろ）	蟷螂生	かまきりしや《よ》うず	蟷螂《かまきり》が卵から孵《かえ》る
	腐草為蛍	くされたるくさほたるとなる	草むらから蛍が飛び立つ
	梅子黄	うめのみきばむ	梅の実が黄色に色づく
夏至（六月二十二日ごろ）	乃東枯	なつかれくさかるる	薬草のウツボグサが枯れる
	菖蒲華	あやめはなさく	花あやめの花が咲く
	半夏生	はんげしや《よ》うず	薬草の半夏《はんげ》が生えはじめる
小暑（七月七日ごろ）	温風至	あつかぜいたる	熱い風が吹きはじめる
	蓮始開	はすはじめてひらく	蓮《はす》の花が咲きはじめる
	鷹乃学習	たかすなは《わ》ちわざをならふ《う》	鷹が巣立ち餌の獲り方を学ぶ
大暑（七月二十三日ごろ）	桐始結花	きりはじめてはなをむすぶ	桐の花が実を結びはじめる
	土潤溽暑	つちうるほ《お》うてむしあつし	地面が潤って蒸し暑くなる
	大雨時行	おほ《お》あめときどきふる	夕立などの大雨がときどき降る

秋			
立秋（八月八日ごろ）	涼風至	すずかぜいたる	涼しい風が吹きはじめる
	寒蟬鳴	ひぐらしなく	蜩《ひぐらし》が鳴く
	蒙霧升降	ふかききりまとふ《う》	深い霧が地表をおおう
処暑（八月二十三日ごろ）	綿柎開	わたのはなしべひらく	綿の実の萼《がく》が開いて綿が吹きだす
	天地始粛	てんちはじめてさむし	天地に寒さを感じる
	禾乃登	こくものすなはち《わ》みのる	稲が穂を垂れ実りはじめる
白露（九月八日ごろ）	草露白	くさのつゆしろし	草の葉に露が白く光る
	鶺鴒鳴	せきれいなく	鶺鴒《せきれい》が鳴く
	玄鳥去	つばめさる	燕《つばめ》が去り南へ帰る
秋分（九月二十三日ごろ）	雷乃収声	らいすなはち《わ》こゑ《え》をおさむ	雷が鳴らなくなる
	蟄虫坏戸	むしかくれてとをふさぐ	虫が活動をやめて巣ごもりする
	水始涸	みづ《ず》はじめてかるる	水田の水が抜かれはじめる
寒露（十月八日ごろ）	鴻雁来	こうがんきたる	雁《かり》が北からやってくる
	菊花開	きくのはなひらく	菊の花が咲く
	蟋蟀在戸	きりぎりすとにあり	きりぎりすが戸口にいて鳴く
霜降（十月二十四日ごろ）	霜始降	しもはじめてふる	霜が降りはじめる
	霎時施	こさめときどきふる	時雨がときどき降りすぎる
	楓蔦黄	もみぢ《じ》つたきばむ	楓《かえで》や蔦《つた》が黄色に色づく

冬			
立冬（十一月八日ごろ）	山茶始開	つばきはじめてひらく	椿《つばき》が咲きはじめる
	地始凍	ちはじめてこほ《お》る	地面が凍りはじめる
	金盞香	きんせんかさく	冬水仙が咲く
小雪（十一月二十三日ごろ）	虹蔵不見	にじかくれてみえず	虹がかからなくなる
	朔風払葉	きたかぜこのはをはらふ《う》	北風が木の葉を吹き払う
	橘始黄	たちばなはじめてきばむ	橘《たちばな》の実が黄色に色づきはじめる
大雪（十二月七日ごろ）	閉塞成冬	そらさむくふゆとなる	空が雪雲で閉ざされて冬になる
	熊蟄穴	くまあなにこもる	熊が冬眠のため穴にこもる
	鱖魚群	さけのうを《お》むらがる	鮭が産卵のため川に群れをなす
冬至（十二月二十二日ごろ）	乃東生	なつかれくさしや《よ》うず	薬草のウツボグサが芽を出す
	麋角解	さは《わ》しかのつのおつる	鹿の角が落ちる
	雪下出麦	ゆきくだりてむぎいづ《ず》る	雪が降り麦が芽を出す
小寒（一月六日ごろ）	芹乃栄	せりすなは《わ》ちさかふ《う》	芹《せり》が青々と茂りに茂る
	水泉動	しみづ《ず》あたたかをふくむ	氷の下で清水は滾滾《こんこん》と湧き出る
	雉始雊	きじはじめてなく	雉が雌を求めて鳴きはじめる
大寒（一月二十一日ごろ）	欵冬華	ふきのはなさく	蕗の薹《とう》が伸びて花が咲く
	水沢腹堅	さは《わ》みづ《ず》こほ《お》りつむ	流れる沢の水も凍って張りつめる
	雞始乳	には《わ》とりはじめてとやにつく	鶏が巣ごもりして卵を抱きはじめる

現代に生きる季語

※現代仮名遣いによる五十音順。

春	
植物	青麦　薊《あざみ》　独活《うど》　梅　木《こ》の芽　桜　沈丁花《じんちょうげ》　杉菜《すぎな》　菫《すみれ》　薇《ぜんまい》　竹の秋　蒲公英《たんぽぽ》　土筆《つくし》　躑躅《つつじ》　椿《つばき》　菜の花　韮《にら》　葱《ねぎ》坊主　花　蕗《ふき》の薹《とう》　藤　ミモザ　木蓮《もくれん》　桃の花　山吹《やまぶき》　蓬《よもぎ》　レタス　連翹《れんぎょう》　蓮華草《れんげそう》　若布《わかめ》　山葵《わさび》　勿忘草《わすれなぐさ》　蕨《わらび》
動物	浅蜊《あさり》　鶯《うぐいす》　帰る雁《かり》　蛙《かわず》　雉《きじ》　子猫　囀《さえず》り　桜貝　栄螺《さざえ》　鱵《さより》　蜆《しじみ》　白魚《しらうお》　雀《すずめ》の子　蝶《ちょう》　燕《つばめ》　鳥雲《とりくも》に入る　鳥交《とりさか》る　猫の恋　蜂《はち》　蛤《はまぐり》　春蟬《はるぜみ》　雲雀《ひばり》　蛇穴《へびあな》を出《い》づ　頬白《ほおじろ》　鱒《ます》　百千鳥《ももちどり》　やどかり　呼子鳥《よぶこどり》　若鮎《わかあゆ》　公魚《わかさぎ》
時候 自然	暖《あたた》か　淡雪《あわゆき》　麗《うら》か　朧《おぼろ》月夜　陽炎《かげろう》　霞《かすみ》　風光る　啓蟄《けいちつ》　東風《こち》　春暁《しゅんぎょう》　春愁《しゅんしゅう》　春昼《しゅんちゅう》　早春　永き日　長閑《のどか》　八十八夜　花曇《はなぐも》り　花冷《はなび》え　春寒《はるさむ》　春雨　彼岸《ひがん》　水温《ぬる》む　焼野《やけの》　山焼く　山笑ふ　雪解《ゆきど》け　行く春　余寒《よかん》　立春
生活 行事	朝寝《あさね》　磯《いそ》遊び　遠足　風車《かざぐるま》　草餅《くさもち》　桜餅《さくらもち》　挿《さ》し木　潮干狩《しおひがり》　石鹼玉《しゃぼんだま》　白酒《しろざけ》　卒業　田打ち　薪能《たきぎのう》　凧《たこ》　種まき　茶摘み　摘み草　流し　入学　野焼《のや》く　畑打《はたう》ち　花見　針供養《くよう》　雛《ひな》祭り　風船　麦踏み　目刺《めざし》　桃の節句

夏	
植物	葵《あおい》　青梅《あおうめ》　麻《あさ》　紫陽花《あじさい》　渓蓀《あやめ》　苺《いちご》　卯《う》の花　瓜《うり》　胡瓜《きゅうり》　桐《きり》の花　梔子《くちなし》の花　栗《くり》の花　桑《くわ》の実 石榴《ざくろ》の花　仙人掌《サボテン》　百日紅《さるすべり》　新緑　橘《たちばな》の花　トマト　葉桜　薔薇《ばら》　万緑《ばんりょく》　向日葵《ひまわり》　昼顔 枇杷《びわ》　蕗《ふき》　麦　夕顔　百合《ゆり》　若竹　若葉　病葉《わくらば》　綿の花
動物	雨蛙《あまがえる》　水馬《あめんぼう》　鮎《あゆ》　蟻《あり》　烏賊《いか》　糸蜻蛉《いととんぼ》　空蟬《うつせみ》　鰻《うなぎ》　海猫　落とし文《ぶみ》　河鹿《かじか》　蝸牛《かたつむり》　甲虫《かぶとむし》　鴉《からす》の子 閑古鳥《かんこどり》　金魚　水鶏《くいな》　蜘蛛《くも》　毛虫　螻蛄《けら》　蝙蝠《こうもり》　金亀虫《こがねむし》　鯖《さば》　尺取虫《しゃくとりむし》　白鷺《しらさぎ》　蟬《せみ》　燕《つばめ》の子 蜥蜴《とかげ》　蚤《のみ》　蠅《はえ》　鱧《はも》　蛇《へび》　蛍　時鳥《ほととぎす》　目高《めだか》　守宮《やもり》
時候 自然	青田　秋近し　秋を待つ　汗《あせ》　暑さ　泉　卯月《うづき》　雲海　炎天　お花畑　風薫る　雷《かみなり》　薫風《くんぷう》 五月晴《さつき》れ　五月雨《さみだれ》　清水《しみず》　涼風《すずかぜ》　梅雨《つゆ》　夏めく　虹　西日　入道雲　入梅　南風《はえ》　麦秋 白夜《はくや》　雹《ひょう》　短夜《みじかよ》　夕立　夕凪《ゆうなぎ》　夕焼け　雷雨
生活 行事	雨乞《あまご》ひ　鵜飼《うかい》ひ　打ち水　梅酒　梅干し　扇《おうぎ》　髪洗《かみあら》ふ　蚊帳《かや》　祇園祭《ぎおんまつり》　帰省　行水　鯉幟《こいのぼり》 更衣《ころもがえ》　早乙女　菖蒲湯《しょうぶゆ》　新茶　田植ゑ《え》　端午《たんご》　粽《ちまき》　心太《ところてん》　ナイター　母の日　日傘《ひがさ》　風鈴 プール　吹き流し　噴水　祭　麦刈り　麦茶　浴衣《ゆかた》　ラムネ

秋

植物	通草《あけび》 朝顔 無花果《いちじく》 銀杏《いちょう》散る 芋《いも》 落ち穂 柿《かき》 南瓜《かぼちゃ》 萱《かや》 烏瓜《からすうり》 カンナ 桔梗《ききょう》 菊《きく》 胡桃《くるみ》 鶏頭 胡麻《ごま》 西瓜《すいか》 芒《すすき》 竹の春 玉蜀黍《とうもろこし》 団栗《どんぐり》 撫子《なでしこ》 萩《はぎ》 芙蓉《ふよう》 糸瓜《へちま》 曼珠沙華《まんじゅしゃげ》 木犀《もくせい》 紅葉《もみじ》 黄葉《もみじ》 林檎《りんご》 竜胆《りんどう》 茘枝《れいし》（苦瓜《にがうり》） 檸檬《レモン》
動物	蝗《いなご》 猪《いのしし》 芋虫《いもむし》 鰯《いわし》 馬追《うまおい》 馬肥《うまこ》ゆる 瓜坊《うりぼう》 懸巣《かけす》 蜉蝣《かげろう》 鵲《かささぎ》 鴨来《かもきた》る 雁《かり》 雁渡る 啄木鳥《きつつき》 蟋蟀《きりぎりす》 蟋蟀《こおろぎ》 秋刀魚《さんま》 法師蟬《つくつくぼうし》 鶫《つぐみ》 燕《つばめ》帰る 蜻蛉《とんぼ》 鯊《はぜ》 機織《はたおり》 蜩《ひぐらし》 鵯《ひよどり》 蛇《へび》穴に入《い》る 蓑虫《みのむし》 椋鳥《むくどり》 虫 鵙《もず》 渡り鳥
時候 自然	秋風 秋高し 秋晴れ 秋深し 朝寒《あさざむ》 天の川 有明月《ありあけづき》 十六夜《いざよい》 稲妻 刈田《かりた》 霧 爽《さわ》やか 残暑 十五夜 新涼 中秋 仲秋 月 野分《のわき》 肌寒《はだざむ》 花野 冷やか 冬隣《ふゆどなり》 星月夜 待つ宵 三日月 身に沁《し》む 名月 夕月夜 行く秋 宵闇 夜寒《よさむ》 夜長
生活 行事	茜《あかね》掘る 秋彼岸 稲刈り 稲扱《いねこき》 稲干す 盂蘭盆《うらぼん》 運動会 送り火 踊り 案山子《かかし》 栗飯《くりめし》 原爆忌 終戦記念日 新酒 新蕎麦《しんそば》 新米 相撲《すもう》 大文字《だいもんじ》 七夕《たなばた》 中元 月見 灯籠《とうろう》流し 墓参り 花火 豊年 盆 迎へ火《え》 紅葉《もみじ》狩り 夜食

季節	分類	季語
冬	植物	落葉《おちば》　カトレア　蕪《かぶ》　枯れ尾花　枯木《かれき》　枯葉　木《こ》の葉　山茶花《さざんか》　水仙　大根　葱《ねぎ》　白菜　裸木《はだかぎ》 冬菊　ポインセチア　蜜柑《みかん》　八つ手の花　藪柑子《やぶこうじ》
	動物	鮟鱇《あんこう》　凍蝶《いてちょう》　凍鶴《いてづる》　兎《うさぎ》　狼《おおかみ》　鴛鴦《おしどり》　鳰《かいつぶり》　牡蠣《かき》　鴨《かも》　羚羊《かもしか》　寒鯉《かんごい》　寒雀《かんすずめ》　狐《きつね》　熊　鷹《たか》　狸《たぬき》　鱈《たら》 千鳥　冬眠　白鳥　河豚《ふぐ》　鰤《ぶり》　鮪《まぐろ》　水鳥　都鳥《みやこどり》　鷲《わし》
	時候	大晦日《おおみそか》　風花《かざはな》　風冴《さ》ゆる　枯野　寒雷《かんらい》　北風　氷　凩《こがらし》　小春日　冴《さ》ゆる　時雨《しぐれ》
	自然	霜柱《しもばしら》　樹氷《じゅひょう》　氷柱《つらら》　年の暮れ　春隣《はるとなり》　春待つ　吹雪　山眠る　雪　行く年
	生活	息白し　おでん　火事　風邪《かぜ》　クリスマス　炬燵《こたつ》　七五三　スキー　炭
	行事	セーター　咳《せき》　節分　焚火《たきび》　手袋　納豆汁《なっとうじる》　マフラー　餅　焼き芋《いも》
新年		伊勢海老《いせえび》　鏡餅　門松　元日　元旦　去年今年《こぞことし》　独楽《こま》　歯朶《しだ》・羊歯《しだ》（裏白《うらじろ》）　淑気《しゅくき》　新年　雑煮《ぞうに》　手毬《てまり》 薺《なずな》　羽子板《はごいた》　初春　初日　初詣《はつもうで》　福寿草　松の内　楪《ゆずりは》　若菜　若水

索引（数字は上が章、下が頁を示す）

主な参考図書　太字は叢書（用例引用の底本）

旺文社漢字典　第三版　二〇一四年
旺文社
角川大字源　一九九二年　角川書店
季節と出合う　俳句七十二候　石田郷子
二〇一四年　NHK出版
広辞苑　第六版　二〇〇八年　岩波書店
国語学大辞典　昭和五十五年
東京堂出版
故事俗信ことわざ大辞典
昭和五十七年　小学館
新 日本古典文学大系　一九八八年～
岩波書店
新潮現代国語辞典　第二版　平成十二年
新潮社
新潮日本語漢字辞典　五刷　二〇〇八年
新潮社
新編 日本古典文学全集　一九九四年～
小学館
新明解国語辞典　第七版　二〇一二年
三省堂

精選版 日本国語大辞典　二〇〇六年
小学館
大漢語林　平成四年　大修館書店
大辞林　第二版　一九九五年　三省堂
日本現代文学全集　増補改訂版
昭和五十五年　講談社
日本語教育事典　一九八二年
大修館書店
日本国語大辞典　第二版　第三刷
二〇〇一年　小学館
日本語文法大辞典　平成十三年
明治書院
日本の暦　渡邊敏夫　二刷
昭和五十二年　雄山閣
日本の歳時記　二〇一二年　小学館
邦訳日葡辞書　第三刷　一九九三年
岩波書店
ホトトギス新歳時記　稲畑汀子編
一九八六年　三省堂
明治文学全集　第五刷　一九八九年
筑摩書房

著者紹介

宮腰　賢（みやこし・まさる）

東京学芸大学名誉教授。『旺文社全訳古語辞典』『旺文社全訳学習古語辞典』の編者として知られる。東京学芸大学では国語学の担当。成績評価は厳しいものの話題の豊富さと語り口のさわやかさで、学生・留学生に親しまれた。大学生活協同組合連合会の教員理事として全国規模の読書推進活動に尽力し、学校図書の小・中・高の国語科の教科書編修に参加した。

1938年3月、東京は板橋の生まれ。国民学校一年のとき、北海道上川郡多寄村に疎開、高校卒業まで北海道で過ごす。東京学芸大学卒業後、東京都の中学校、高等学校に勤務の後、1972年、東京学芸大学にもどる。学生部長、附属小金井小学校校長、併任。2002年3月、定年退官。著書に『まゐる・まゐらす考』（桜楓社）、『子どもの語彙を豊かにする指導』（国土社）、『大人の漢字再入門』（インデックス・コミュニケーションズ）『日本語の難問』（宝島社）などがある。

目からうろこ！知っているようで知らない日本語

2016年　9月20日　初版第1刷発行
2018年　3月20日　第2刷発行

著　者　宮腰　賢
編集協力　株式会社 ことば舎
発行者　竹下晴信
発行所　株式会社評論社
〒162-0815　東京都新宿区筑土八幡町2番21号
☎ 03-3260-9401
イラスト　平松ひろし
装幀・DTP　株式会社 エスアンドピー
印刷・製本　中央精版印刷株式会社

ISBN 978-4-566-05177-5 NDC810